Social Emotional
Learning
and the Brain

Marilee Sprenger

感情と社会性を育む学び（SEL）

子どもの、今と将来が変わる

マリリー・スプレンガー
大内朋子・吉田新一郎 訳

新評論

訳者まえがき

学びは感情的なものであり、社会的なものです。また、すべての学びはそうあるべきです。一方で人は、感情や社会的なつながりをもたなくても知識を吸収することができます。あなたは、どのように学びたいと思っていますか？　また、子どもたちに、どのように学んでほしいと考えていますか？

学びは、自分自身の感情や人とのつながりによって色づけされることで深まり、記憶に残りやすいものとなります。そして、日々の教科における学習のなかでも、感情への向きあい方や人間関係について学ぶことができます。それは、子どもたちが自らいきいきと学ぶ力を育てることにつながります。

本書のテーマである「Social Emotional Learning（SEL）」を日本語に訳すと、「感情に向きあう力であるEQ（感情知性）と、社会性にかかわる力のSQ（社会的知性）を育む学び」となります。本書では、この感情と社会性を育む学びを「SEL」と呼び、そのスキルを「EQ」、「SQ」と呼びます（「EQ」と「SQ」で検索すると、たくさんの関連図書が見つけられます）。

SELには、共感する力、自己認識、自己管理能力などからなる自分と他者の感情と向きあって対応していく力（EQ）と、社会認識と人間関係の構築、維持、修復などの社会性（SQ）を学ぶことが含まれています。これらの力は、学校をこえて社会で必要なもの、また学び続けるためにおいてカギとなるものです。

子どもたちにとっての社会である学校では、日々の生活を通じて「ＥＱ」と「ＳＱ」を鍛えていく必要があります。学習レベルが異なるように、ＥＱとＳＱも一人ひとり異なります。ＥＱやＳＱを子どもの特性や性格と捉えるのではなく、学力と同じように、現時点での子どもの状態をふりかえり、目標を立て、それに向かって学ぶための環境づくりが必要です。基礎的な認知能力である「読み書き」や「計算」がその後の学びにおいて必要不可欠なように、ＥＱとＳＱも学ぶために必要な基礎的なスキルと見なし、その発達に取り組んでいくことが大切です。

アメリカでは、この二〇年間でＳＥＬが大きな広がりを見せ、実践や実証研究が進んでいます。ＳＥＬの実践により、学力が平均一一パーセント向上することや、子どもの向社会的行動《こうしゃかいてきこうどう》、つまりほかの人のためになる行動を促し、鬱《うつ》やストレスを軽減する、と指摘している研究まであるほどです。［参考文献45］

現在、「CASEL：Collaborative for Academic, Social and Emotional Learning」や「EASEL：The Ecological Approaches to Social Emotional Learning」などの団体をはじめとして、ＳＥＬに関する研究、実践、政策提言を行う機関やプログラムは数えきれません。日々の学びにＳＥＬの視点が重視されている学校が増え、教員を対象にしたＳＥＬのトレーニングが普及しているほか、関連書も数多く出版されています。そのなかで、EQとSQにおいて客観的な目標と指標を立て、成長が評価されるようになってきています。また、課題の多い子どもには、個別やグループでの対応をするといったところもあります。

このような流れのなかで本書を紹介しようと決めたのは、第一に、脳科学の見地から感情や社会性についての説明があるからです。脳科学の知識をSELと組み合わせることは、SELを実践する際、大いに役に立ちます。日々の学びにおいて、自分自身と子どもたちの頭の中で起こっていることや、理想的な脳の状態について理解することによって学びに最適な状態をつくりだすことができますし、知識が定着しやすく、思考も深まりやすくなります。

また、学びにふさわしい状況でない場合には、脳に働きかける実践を取り入れることで生徒の脳を学べる状態に導くことができます。たとえば、生徒がイライラしているときには、感情をつかさどる大脳辺縁系《だいのうへんえんけい》が活性化されます。このとき、論理的思考をつかさどる脳の部位とのつながりがブロックされてしまうことを知っておれば、話したり行動したりする前に自らを落ち着かせる方法を取ることが大切だと気づきます。そして、教師は、落ちつくための時間を生徒に提供できるようになります。

第二に、本書では、日本の教室においてもすぐにSELが取り入れられるようにさまざまなアイディアや方法が紹介されています。そのため、どのような場面で、どのようにして取り入れていくのかについて、読者が想像しやすいものとなっています。最終章にあるように、一つのプログラムとしてSELを取り入れるのではなく、日々の学びにその視点を取り入れることで子どもたちの学びがぐっと広がっていくと思います（共訳者の吉田は、二〇年以上前からSELに興味をもち、日本で紹介に値する本を探し続けてきました。先に紹介した「CASEL」や「EASEL」などが出しているレポートでも、四〇～五〇の主だったプログラムが比較紹介されています。さらに、それらには含まれていないプログラムがほかに数百もあるといわれています。あまりにもたくさんあるなかから、一つを選んで紹介するというのには無理がありました）。

第三としては、著者の教師経験から記されている具体的な物語が随所に紹介されていることです。そこでは、学びが感情的なものであり、社会的なものであることが描かれており、SELをすべての教室で取り入れることの意義が明らかとなります。

本書に書かれている文章で印象に残ったものを紹介しておきましょう。

「生徒たちは、カバンと教科書だけを持って教室に来るわけではありません。生徒一人ひとりが精神的・感情的・身体的に異なる状態で登校しており、学ぶことに対する準備や意欲も異なっています」

子どもたち一人ひとりの状態を知ることは、日々の業務に追われる教師のみなさんにとっては多大なる努力を要することでしょう。しかし、本書に取り上げられている具体的な実践は、数分でできる、小さなものが多岐にわたって紹介されています。最初からたくさんの方法を一度に取り入れようとはせず、自分の生徒にあった方法を一つ二つと見つけて試し、徐々に増やしていけばいいでしょう。

これから読み進めていかれる方のために、本書の構成についても簡単に紹介しておきましょう。「第1章　教師と生徒の関係を築く」では、生徒が愛情を感じられ、所属意識を感じられるような関係を築くこと、「第2章　共感する」では、自分が理解されていると感じ、他者に対して理解が示せるように共感すること、「第3章　自己認識を育てる」では、自己認識を育むために自らの感情を理解できるようにすること、「第4章　自己管理能力を身につける」では、感情を調節できるようにサポートすること、「第5章　社会認識を高める」では、向社会的スキルを培い、使えるようにすることや社会認識を育むこと、「第6章　よい対人関係を築く」では、うまく人とかかわれるようにすることや、さまざまな文化やバックグラウンドをもつ他者と接し、お互いに学びあえるような対人関係を築くこと、「第7章　責任ある意思決定をする」では、将来のために賢い意思決定ができるようになる方法について取り上げられており、最後の「第8章　プログラムではなく、人がＳＥＬに好影響を及ぼす」では、一人ひとりの生徒の背景が異なり、子ども時代の逆境的体験が大きく影響していることや、学校でのSELにまつわる肯定的な経験こそその後の人生を成功に導く可能性がある、といったことが述べられています。

二〇二〇年三月、アメリカで新型コロナが広がりはじめたとき、全米最大の公立学校区であるニューヨーク市での休校決定はかなり遅れました。その最大の理由は、公立学校にはセーフティーネットとしての役割があるからです。学校では、低所得者家庭の子ども向けとして、朝食や昼食が無料で提供されているのです。そのような子どもたちにとって、学校に行けないということは「食べられない」状態を意味してしまいます。

さらに学校は、物理的な意味だけではなく、精神的な意味においてもセーフティーネットの役割を果たしています。信頼できる大人がいること、親身になって気にかけてくれる人が存在すること、そして自分の居場所があることは、食欲と同じく子どもたちにとって満たされるべき基本的な欲求の一つなのです。それだけにSELの実践は、子どもたち一人ひとりの基本的な欲求を満たすうえにおいて必要な取り組みであるということができます。

最後に、お世話になったみなさまへお礼を述べさせていただきます。日々いろいろな気づきをくれる子どもたちと、翻訳原稿にフィードバックをしてくれた浅野聡子さん、大関健道さん、柏木徹さん、佐野和之さん、そして本書の出版を可能にしてくれた株式会社新評論の武市一幸さんに感謝します。

読者のみなさまとともに、より多くの子どもたちの日々の学びに、ＳＥＬ（感情と社会性を育む学び）が取り入れられていくことを願っています。

訳者を代表して　大内朋子

もくじ

感情と社会性を育む学び（ＳＥＬ）

——子どもの、今と将来が変わる

第 1 章

教師と生徒の関係を築く

脳は、生存を第一の目的として働いているので、
他者との関係を必要としています。

（ジョン・メディナ）*

（＊）（John Medina）アメリカの分子生物学者で、『ブレイン・ルール――脳の力を100% 活用する』（小野木明恵訳、NHK 出版、2009年）などの著者です。

人間関係を築き、維持することは、誰にとっても人生の根幹となるものです。本章で取り上げる「教師と生徒の関係」[1]は、すべてのクラスに大きな影響を与えるでしょう。

教室での人間関係の重要性については、研究によっても証明されています。教育的介入についてのメタ分析を行ったジョン・ハッティ[2]（John Hattie）は、教師と生徒の良好な関係が学びに及ぼす影響値を「0.52」と算出しました〔参考文献74〕。ここで用いられている影響値とは、ある教育的介入が、二つのグループ間においてどれくらいの効果があったかを示すものです。

教育的介入による効果の平均値は一年間で「0.40」と算出されており、これより高い教育的介入は効果が高いと考えられています。つまり、メタ分析の結果、教師と生徒の関係が良好である場合は、そうでない場合に比べると一年間の学びが高まるということです。生徒に対してクラスメイトとの人間関係について教える前、つまり教師が生徒との人間関係を築く過程において、よい人間関係について示す必要があります。

サラ先生は、とてもすぐれた歴史の教師です。彼女は歴史が大好きで、戦争時のヒーローや人間関係について、個人にまつわることや専門的な見方などの珍しい情報を交えながら、物語や芝居を使って楽しく魅力的に伝わるような工夫をしています。しかし、生徒を対象にした教師についてのアンケートでは、サラ先生に関する評価は芳しいものではありませんでした。

サラ先生は、アンケート結果を見てがっかりしました。「内容が理解できないとき、先生は別の方法で説明をしてくれましたか？」という質問には、八八パーセントの生徒が「はい」と答えていましたが、「何か困っているとき、先生は気づいてくれましたか？」との質問に「はい」と答えた生徒はたったの一五パーセント、そして「困っているときに先生は助けてくれましたか？」という質問に「はい」と答えた生徒はわずか五パーセントでした。

アンケート結果を目にしたサラ先生は、「怒り」がこみあげてきました。そして先生は、「生徒たちが歴史を身近に見聞きできるように最高の授業を準備しているのに……。個人的な問題に私が気づけていないとか、助けてくれないとか、どうして言えるの？　生徒たちは間違っているわ」と思いました。

（1）原書では、「子ども」、「生徒」、「学習者」などの表現となっていますが、本書では基本的に、園児・児童・学生も含めて「生徒」という表記で統一します。

（2）二〇一八年度の調査結果が「0.52」となっています。二〇〇八年に行われた最初の調査では、本項目の影響値は0.72と算出されています。それ以来、教育的介入の項目は一三八から二五二へと増えており、より詳細なものとなっています。なお、二〇一八年の最新調査においては、教師の信頼性が及ぼす教育的効果は「0.90」と、高い数値を示しています。メタ分析の結果から示唆されることはありますが、一つ一つの研究の成果や教師と生徒の関係を示す指標、またどのような実践がなされたのかについて検討する必要があります。https://visible-learning.org/hattie-ranking-influences-effect-sizes-learning-achievement/ を参照。

マーサー校長がアンケート結果について話し合おうとサラ先生を校長室に呼び入れたとき、サラ先生はすすめられるまま校長と指導教員の向かいに座りました。彼女は落ちつきを取り戻しており、どうして生徒たちがこのような結論に至ったのかについて考えていました。

マーサー校長はにっこりして、次のように言いました。

サラ先生、あなたの教え方は申し分ないし、多くの生徒に手を差し伸べています。そういう意味では、自らをすばらしい教師だと思っていますよね。私が教室を見学した[3]ときも、やる気のない生徒でも興味がもてるように工夫して授業を行っていました。八年生は、南北戦争について細部に至るまで知識を吸収していましたし、一〇年生はベトナム戦争が起こった要因についても考えるように取り組んでいましたから、生徒たちはあなたのことを知識豊かな歴史家だと見ているでしょう。

ホロコーストの犠牲者や生存者と自分たちを結びつけて考えることはできていた生徒たちですが、あなたとのつながりを育む機会はもてていないように思えました。アンケート結果を見て、初めて私もそのことに気づきました。

あなたは、クラス全体とはかかわりをもっていましたが、一人ひとりの生徒との関係を築くことには思い至らなかったようですね。つまり、生徒たちと個人的な関係を築けていないということです。それについては残念だといえます。

あなたのいきいきとした授業で生徒たちはその内容に注目しますが、あなた自身にも関心をもってもらえるようにしなくてはいけません。まず、あなたが信頼できる人だと、生徒たちに感じてもらう必要があります。あなたが一人ひとりを意識していると感じてもらうことが大切なのです。

一五〇人のうち七四パーセントの生徒が「先生は課題を改善するにあたり具体的なアドバイスをしてくれた」と答えていることはすばらしいのですが、「授業中も授業以外でも先生がサポートしてくれた」に対して「はい」答えた生徒はわずか二五パーセントでした。どうしたらこの数字をもっと伸ばせるのかについて考えてみましょう。あなたに対して肯定的な感情を抱いていない生徒は、あなたが十分に注意を向けていない生徒たちであって、学習内容や成績だけではなく、親身になって意識してほしいと願っている生徒たちなのです。

（3）本書では、学年をアメリカで使われているとおりに表記します。日本的にいえば、八年生は中学二年で、一〇年生は高校一年になりますが、アメリカの高校は通常四年制なので、九年生が高校一年となります。したがって、八年生は中学の最終学年となります。また、教育委員会によっては、中学を三年間としたり、二年間だったり、さらには小中一貫校であったりとさまざまです。また、幼稚園年長組（K）が小学校内に含まれてもいます。

思春期の中高生と関係を築くにあたって、簡単にはいかないこともあるでしょう。日々、生徒たちが心の傷やストレスを乗り越えていくためには、彼らの生活にかかわりのある大人たち教師が最後の砦となりますし、なくてはならない存在なのです。

サラ先生は椅子に深く腰かけ、大きくため息をつきました。そして、次のように話しました。「マーサー校長、私はこれまでうまく人間関係を築くことができませんでした。私は、ユニークで面白い授業を考えだすことはできますが、人とうまくかかわることができません。生徒との人間関係を築くことについて学ぶ必要があると思います」

このような問題を抱えているのは、サラ先生だけではないでしょう。さまざまな大人に、「何人の教師とよい関係を築けたか?」、つまり「出会った教師のなかで、信頼でき、親身になってくれた教師が何人いたか?」と尋ねたら、ほとんどの人が「小学校から高校までに一人か二人、大学では一人もいなかった」と答えるでしょう。

脳は、二〇代半ばまで成長を続けます。その間、成長するために多くのガイダンスが必要となります。「教師と生徒の関係」について教師が考えずにいると、生徒の成長に伴って、他者とのつながりをもつためのサポートの機会を逃してしまいます。

教える対象者が幼稚園児でも、大学院生でも、たとえ週に数時間であっても、生徒と過ごす時間のなかで良好な関係を築くことは教師の責務です。教師と生徒の関係を築くことは、学校における「学び」をこえて、人生を変えるような出会いがある社会において大いに役立つのです。教室や職員室、そして校長室でまず意識しなければならないのは人間関係です。生徒たちが生涯にわたってさまざまな人たちと大切な関係を築いていけるようにすることが、学校の目標の一つでもあるのです。

三　ブルームの前にマズローが必要

「アドバンテージ・アカデミー」の創設者であるアラン・ベック(4)は貧しい家庭に生まれましたが、さまざまな教師のおかげもあって学校で才能を発揮することができ、博士号を得て教育分野での

(4)「アドバンテージ・アカデミー(Advantage Academy)」はテキサス州のチャーター・スクール(独立した運営を行う公立学校)で、心身のバランスのとれた教育を通じて、人格とリーダーシップのすぐれた人物を育てることを目指しています。アラン・ベック(Alan Beck)は、一九九八年にアドバンテージ・アカデミーの基盤となる非営利団体「イーグル・アドバンテージ・アカデミー」を六〇名の生徒とともに創設しました。現在では、複数の学校を運営しており、一二〇〇名の生徒が所属しています。

キャリアを築き、アカデミーを創設しました。ベックは、子どもたちが希望をもてるようになることを信条にしていました。

ベックは、「ブルームについて考えるのは、マズローが満たされてからだ(5)」と述べています［参考文献10］。これは、ベンジャミン・ブルーム［参考文献12］とアブラハム・マズロー［参考文献94］についてのものです。マズローは、人間の欲求を階層的に理論化しました。一方、ブルームは、多様で複雑な学習目標を階層化しました。

ブルームの学習目標の分類には、一般的に「感情的領域」と「感覚的領域」が含まれず、「認知的領域」のみに特化されています。しかし、生徒がブルームの分類に取り組むためには、まず生徒の感情的・感覚的領域のニーズが満たされなければなりません。従来の教育方法では「認知的領域」に焦点が当てられており、高次な思考力(6)に向けた学習を目指していますが、実際の授業では、生徒の感情的・感覚的領域におけるニーズが考慮されていない場合が想像以上にたくさんあります。

近年では、多くの学校や教育機関で「マズローの五段階欲求説」が注目されています。マズローが唱える階層は、人間の基本的ニーズについて、優先順位が高いほうから「生理的欲求」、「安全の欲求」、「社会的欲求（所属と愛）」、「承認欲求」、「自己実現の欲求」の順とされています。

それに対して、マズローを批判するマシュー・リーバーマン（Matthew D. Lieberman）は、第一に「社会的欲求（所属と愛）」が満たされるべきだと主張しています［参考文献91］（詳しくは、私の著書『生徒が覚えられる教え方』［参考文献130・未邦訳］を参照してください）。その理由は、人間関係こそが「生理的欲求」と「安全の欲求」を満たすものだからです。

乳児の場合を考えてみましょう。乳児は、泣くことで世話をしてくれる人の注意を引きます。それによって、食べものをもらったり、オムツを替えてもらうこと、そして快適な温度といったニーズを満たします。このことから私は、「社会的欲求」が「生理的欲求」よりも先に来るものだと主張するリーバーマンに同意します。

たとえば、バレーボールのチーム決めをしている最中にお手洗いに行くことを我慢している七年生を想像してみてください。その生徒にとっては、お手洗いに行くという生理的欲求よりも、自分が所属するチームがどこなのかという社会的欲求のほうが重要なのです（関連したトピックとして、第5章において、リーバーマンの社会的苦痛の研究についても言及します）。

（5）ブルーム（Benjamin Samuel Bloom, 1913～1999）とマズロー（Abraham Harold Maslow, 1908～1970）の主張については、「マズローの欲求五段階説」と「ブルームの分類法」で検索すると分かりやすい図が見られます。

（6）高次の思考力とは「応用、分析、統合、評価」を指し、それに対して「暗記と理解」は低次の思考力とされています。実際の授業では、八～九割が低次の思考力しか使われていないのではないでしょうか。

アラン・ベックの言葉に戻ると、SEL（感情と社会性を育む学び）は、生徒がストレスや不安と向きあう機会となり、「社会的欲求（所属と愛）」を満たすためのものなのです。それらがなされて初めて、高次の思考力に集中できるようになります。まさに、「ブルームの前にマズロー！」なのです。

脳の中の人間関係

神経科学者が脳について研究するときには、脳の構造とともに脳内の化学反応にも注目しています。人々がお互いを思いやったり、信頼したり、友人になりたいと思ったりするときの脳の活動は、ほとんどが前頭葉で起こっています。大脳辺縁系には感情をつかさどる扁桃体があり、ストレスと信頼や愛情に反応する二つのホルモン系の受容体が化学反応を起こします［参考文献26］（**図1－1**参照）。

ストレスを感じるとコルチゾールが放出され、人々はストレス反応を起こします。対照的に、人を思いやったり、信頼したりするときにはオキシトシンが放出され、人とのつながりを感じます。

単に顔を知っているという関係ではなく、深い絆があるときは、やる気が出たり、元気になっ

図1－1　脳の中の人間関係

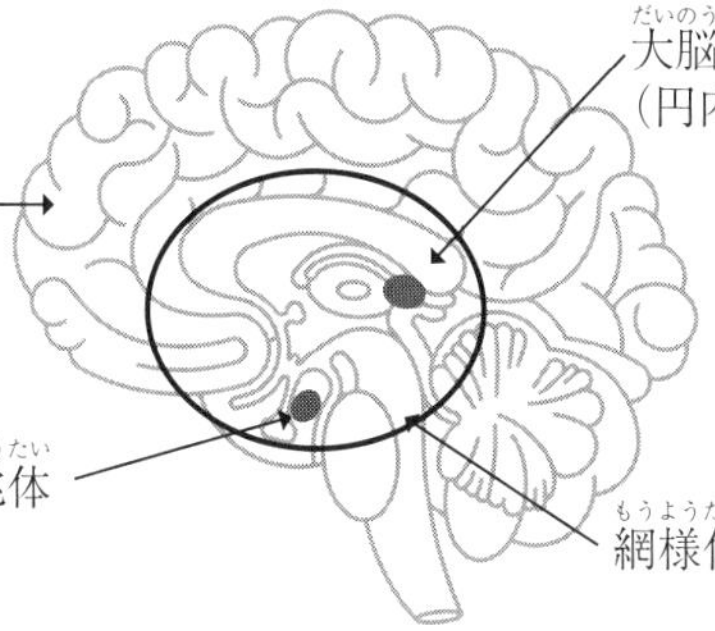

たり、あるいは安心感を抱きます。また、人間関係を築きはじめるときには、脳からドーパミンとノルアドレナリン、そしてオキシトシンが放出されます［参考文献108］。大脳辺縁系が刺激されて網様体賦活系（脳の第一のフィルター）が緩まると、脳は冷静に新しい情報を取り込むようになり、その情報を大脳辺縁系まで運びます。

ドーパミンとは、脳内の「探求」する化学物質［参考文献41］で、目標に向けて努力をしたり、脳の報酬体系を刺激したりするものです。

私たちは、他者とつながりをもつとき、自らについても他者に対しても心地よく感じます。ノルアドレナリンには興奮作用があり、前述したように、オキシトシンは人とのつながりを感じるときに放出されます。誰かとの関係が築かれると、その人について思いをめぐらすだけでもオキシトシンとドーパミンが放出されるようになるのです。

三　教師と生徒の関係を築く

「ＳＥＬにより、経験に即した脳の反応が引き起こされる」という言葉から、私は「celebrate（祝う）」をもじって「selebrate」という言葉をつくりました。

一人の大人との関係が生徒の人生を変えうるものになる、と多くの研究者が述べています。担任の教師は、ほかの大人よりも長時間にわたって生徒に接しています。つまり、担任の教師は、社会的なやり取りについてふさわしい手本を示し、自らが生徒のことを気にかけていることを伝え、生徒が努力する際にサポートできる機会があるということです。これは保護者の役割であると思うかもしれませんが、未来の大人である生徒を育てることはすべての大人の責任です。

私たち教師は、生徒の脳によい影響を与えることができます。ある教育コンサルタントは、「脳が何か活動を行うためには化学反応が必要です。健康な状態とは、脳が放出するさまざまな化学物質を常に正しく制御できる力が備わっているということです」〔参考文献117〕と述べています。これによって、ある種の恒常性（相互依存的な要素が安定し、内なるバランスが取れた状態）がもたらされます。これから紹介するさまざまな方法は、この安定した状態でいられるように生徒をサポートするものです。

教師が弱さを見せることで、心理的に安全な学習環境をつくる

研究者であり、文筆家であるブレネー・ブラウン（Brené Brown）(7)は、日常的な人間関係のなかで、すべての人が脆弱性を示す必要があると述べています［参考文献21］。教師は、弱くて傷つきやすいこと（正直さや透明性も含まれます）を生徒に対してさらけだし、生徒が脆弱性を隠さなくてもすむような、安全な場所をつくる必要があります。教師自らが脆弱性を示すというのは、病気の子どもの看病によって寝不足で疲れていることや、イライラしている状態を認めることかもしれません。また、授業で取り組んでいない問題をテストに出してしまった場合に、試験問題を間違えて作成してしまった、と非を認めることなどさまざまあります(8)。

生徒が脆弱性を示す場面といえば、正答できる自信のない問題に答えようとするときや、クラスメイトの言葉に過剰反応してしまう場合などでしょう。生徒が挑戦し、努力をして失敗したと

---

(7) 本だけでなくTEDトークにおいても、もっとも人気のある研究者の一人です。「ブレネー・ブラウン　動画」で検索すると彼女の話が聞けます（日本語字幕付き）。

(8) 「自分の承認欲求を満たすためにやっている教師がいて、気持ちは分からないではありませんが、ちょっと違うんじゃないか、と思います。このあたりについては注意が必要ですし、それについて指摘がない状態は危険だと思います」というコメントが翻訳協力者からありました。つまり、自分の脆弱性を示すことと自分の承認欲求を満たすことは異なり、後者にならないように注意する必要があるという指摘です。目的と影響を考えながら、発言していくように心がけなければなりません。

きには、「誰でも失敗はする、それはよいことなのだ」と伝えていくことが大切となります。私たちは、お互いに理解していれば前に向かって進んでいけます。

ブレネー・ブラウンが提案する方法で私が気に入っているのは、教師が「私は頭の中で自分にこう問います」と声に出して言い、今起きていることに対して考えている内容を生徒に説明することです。たとえば、「私は、『○○さんが、教師もしくはクラスメイトにイライラして、このような行動をとっている。それは正しいのだろうか？』と考えています」と生徒に言うのです。このように第三者の視点を挟むことで、生徒自身は自らの思いが話しやすくなります。

教室の入り口で生徒に挨拶をする

最近のある研究［参考文献35］では、毎朝、生徒に挨拶をしながら出迎えることで、生徒の達成度（成績）が二〇パーセント上がり、規律を乱す行動が九パーセント減るという結果が出ています。この研究では、次のことも提案されています。

- 生徒の名前を呼ぶ。
- アイコンタクトをとる。
- 握手やハイタッチ、親指を立てるなど親しみを込めた身ぶりをする。
- やる気が出るように言葉をかける。

・今日はどんな気分かを尋ねる。

私の孫娘から、「おばあちゃんの家に行くことが楽しみなのは、玄関の外で私たちを待っていてくれていると分かっているからなの。でも、私たちがいつ着くのか、どうして分かるの？」と尋ねられたことがあります。私は次のように答えました。

「簡単なことよ、メイブ。誰かに会えることを楽しみにしていると、心の中で『待ちきれない』と思うでしょう？　だから、あなたのお母さんに、『近くまで来たらメッセージを送ってね』とお願いしてあるの。お母さんからのメッセージを見て、私は玄関の外で待っているの。学校でも、生徒たちに会えるのを楽しみにしていて、私が気にかけていることを分かってもらいたいから教室の入り口で挨拶をしているのよ」

昔も今も、私は教室の入り口で挨拶をしています。教師として生徒に会うことを心から楽しみにしていますが、ここで一番必要なことは、「生徒全員のためにそうする」ということです。そのため、私はいつも入り口に立って挨拶をします。

実際、私が迎え入れるまで教室の外で待っている生徒がいたほどです。すべての授業において、毎回生徒を迎えるという行いには効果がありました。初めは受け入れてくれなかった生徒に対しても、入り口で「おはよう！」、「やあ」、「今日も会えてよかった」と笑顔で言い続けました。

生徒への挨拶について改めて指導をする必要はないと思いますが、目を合わせて生徒の名前を言ったあとに、次のようなことを加えれば挨拶の効果がさらに増します。

質問をする——あなたの好きな○○（色、季節、食べ物、動物など）は何ですか？

頼み事をする——黒板を消すのを手伝ってくれるかな？（ほかには、アプリの使い方を教えてもらったり、課題の提出や出席を取るのを手伝ってもらうなど）

言葉以外の合図を取り入れる——笑顔やハイタッチ、握手や抱擁など（教師が体に触れることを不快に思う生徒もいるので、注意が必要です。とくに、虐待をされたり、不当な扱いを受けてきた生徒の場合は、心と体の準備が必要になるでしょう）。

朝の挨拶と帰りの挨拶

挨拶をして生徒を迎えるというのもすばらしいのですが、帰りの挨拶も同じく大切です。

中高の教師には難しく感じるかもしれませんが、一日の授業を終え、生徒が荷物の整理をして教室を出るときに見送るという行為にはとても大きな意味があります。すべての授業を終え、帰りのホームルームで連絡事項を述べたあと、教師が「明日もみんなに会えることを楽しみにしている」と伝えれば、生徒たちは教師が気にかけてくれていると理解します。荷物の整理を手伝ったり、今日一日どうだったかと尋ねたり、単に「また明日ね！」と声をかけたりするだけで、教師が自分たちのことを気にかけており、そのためにいるのだということが生徒に分かってもらえます。

あなたのストーリーを伝える

ストーリー（物語）を語る効果についてはよく研究されています。人は情報を物語として受け止め、世界を理解しようとします［参考文献24］。私たちが物語を聞いたり読んだりするとき、脳内で「化学物質の混ざりあい」が起こることが研究から明らかになっています。

まず、物語を聞くことで楽しさを感じ、ドーパミンが放出されます。次に、話が盛りあがりをみせ、不安や不確実性が生じると少量のコルチゾールが放出されます。そして、登場人物にかかわりを見いだしたり、結末を知ったりすることでオキシトシンが放出されます。最後に、物語の結末や問題の解決に対して満足感や喜びを感じることで、再びドーパミンが放出されます。

物語を語ることと人間関係を築くことは、いったいどのように関連しているのでしょうか？教師であるあなた自身と生徒たちの関係からはじまり、あなた自身や家族、日常について話すことが信頼関係の構築につながります。あなた自身の問題に生徒たちを巻き込み、解決方法を考えてもらうことで、生徒があなたとのつながりを感じるようになるのです。

たとえば、六年生三二人の生徒（男子二一名、女子一一名）を受けもつテイト先生が、一人ひとりの生徒を知るまでには時間がかかります。テイト先生は、国語や歴史の学習内容に関連した物語を話すことから授業をはじめる場合がありますが、その物語に生徒たちを登場させています。一例として、市民戦争（日本では「南北戦争」と言われています）の学習をしているときには次のように話します。

「あなたが、友人とともにこの『国』を守りたいと思っていると想像してみましょう。家族を、家を、そして自由を守るために戦います。重い戦闘服を持っていれば、それに身を包んで戦いに挑みます。南軍、連合国のために戦っているならば、灰色の服を身につけることになっています。北軍、合衆国のために戦っているのであれば、青の服を身につけることになっています。市民戦争がはじまったころ、全員に戦闘服が配布されたわけではありません。そのため、南軍のために戦っているのに青い服しか持っていなかった場合は、味方から襲撃されてしまうかもしれません！　少なくとも味方から攻撃されないためにはどうしたらよいでしょうか？」

このような物語を取り入れることによって、生徒は学習内容と自分の感情に集中することができるだけでなく、テイト先生との関係も強固なものになります。教師が生徒に、「自分だったらどうするか」を尋ねることで、この場における教師と生徒の結びつきが高まるのです。そして、「私たちは仲間だ」という感覚を強めていくことになります(9)。

教師が親身になっていることを生徒に伝える五つの方法

セオドア・ルーズベルト[10]は、「相手がどれだけ親身になってくれるか分からないうちは、相手にどれだけ知識があろうと誰も気にかけない」と述べました。小さな子どもには、比較的簡単に教師が親身でいることはできますが、思春期の生徒にはなかなか伝わらないこともあります。そのため、次に生徒との関係を築くための五つの方法［参考文献53］を紹介します。

枠組みを提供する——ルールは、公平かつ、みんなに適用されなくてはいけません。すべての生徒に同じことを期待します。

選択肢を提供する——とりわけ思春期の生徒は自立を求めます。自分に関する意思決定にできるだけかかわってもらいます。

興味を示す——生徒の生活について耳を傾けたり、好きな音楽やスポーツ活動について尋ねることで、関心をもっていると伝えます。

希望とつなげる——生徒との会話や教室内での行動を通じて、人生で成功できると思っていることについて生徒自身に表現してもらいます。

（9）ストーリーテリングを使った具体的な事例に興味のある方は、『退屈な授業をぶっ飛ばせ！』の第3章や『私にも言いたいことがあります！』の第4章を参照してください。

（10）（Theodore "Teddy" Roosevelt, 1858～1919）第二六代アメリカ大統領（一九〇一年～一九〇五年）です。

生徒の感情を認める——感情的なサポートを示し、生徒が感情と向きあうことを助けます。

これらを頭に入れて、中高生について考えてみましょう。中高生の時間割では、教師と生徒の一対一の時間はあまり取れません。また、教師はほかのクラスで毎日五、六コマの授業を行っており、生徒との関係を築くために取れる時間は、小学校の教師に比べるとかなり少なくなっています。それでも、かぎられた時間のなかで関係を築こうと努力する必要があります。

メッセージを書く

生徒の名前を書いた封筒を用意し、時々メッセージを書くようにしましょう。ありがたく思っていることや、提出された課題のよいと思ったところを伝えます。全員分の封筒をフォルダーにまとめておき、メッセージをわたしたら、その生徒の封筒を一番後ろに置くことで、忘れることなく全員の生徒にメッセージが送れます。

付箋を使う

手の届くところに付箋を置き、生徒が何かよい行いをしたときにメッセージを書き、その生徒の机やロッカー、あるいはノートに貼っておくというのもよいでしょう。その内容として、「昨日の試合では頑張っていたね！」や「新入生の手伝いをしていたね。きっと感謝しているよ！」などといったものが考えられます。

名前を呼ぶ

自己研鑽に関して本を著しているデール・カーネギー（Dale Carnegie）は、「どの言語でも、自分自身の名前は心地よく響くもっとも大切なものです」と述べています。生徒の名前を覚えて名前で呼びましょう。生徒にとって「大切な人」でいることが必要です。ある教育雑誌の「中高生が学校に求めること」という記事［参考文献53］では、すべての生徒の名前を覚えていて、毎日、一人ひとりに話しかけようとしている校長先生の話が取り上げられていました。

『脳に働きかけることこそが大切（Brain Matters）』［参考文献146・未邦訳］の著者で脳科学者であるパット・ウォルフ（Pat Wolfe）は、講演のときに「カクテルパーティー効果」について述べました。これは、いろいろな会話が同時進行するパーティーなどにおいて、参加していない会話を遮る脳の力のことです。脳には、重要でない話を除去するという力があります。しかし、そんななかでも自分の名前を耳にすると、脳は即座にその会話に集中するのです。

この現象については何十年にもわたって研究されており、脳神経科学において、自分の名前が呼ばれたときに脳のどの部分が活性化するのかが分かってきました。実際のところ、自分の名前を発する音にはいろいろなレベルで引きつけられます。自分の名前を呼ばれるときには、生存にかかわる可能性もあるので、呼吸や直感などの生体機能をつかさどる部位である脳幹の網様体賦《もうようたいふ》活系《かっけい》が反応を示します。おそらく多くの人は、「気をつけろ！」という警告よりも先に自分の名前に反応するでしょう。

脳は、自らの命を救う機会を見逃しません。そして、感情的な脳は、「名前を呼ばれること」に反応します。これは、名前を呼ばれることが称賛や叱責のはじまりであったり、あなたの名前を知っている大切な誰かの存在を示したりするものだからです。名前はとても重要なもので、植物状態の患者であっても、名前を呼ばれると脳内で反応を示すことがあります。［参考文献27、102］

「キャンディス、課題のプロジェクトが終わったみたいですね。あなたの発表がとても楽しみです！」や「ハキム、何かアイディアがあるようね。教えてくれない？」といったように、生徒にとって自分の名前を呼ばれることがいかに重要かについて考えてみましょう。生徒に話しかけたり、生徒について話題にしているときには名前を呼ぶようにします。正しい発音で、肯定的に呼ぶことが大切です。このように、とてもシンプルな方法で生徒を励まし、やる気を起こさせ、生徒一人ひとりとのつ ながりを築いていきましょう。

簡単な発言でも、名前を呼ぶことで生徒との関係を築くきっかけとなります。そうすれば、生徒はクラスに対する所属意識をもつことになり、クラス全体が大きく変わっていきます。

生徒一人ひとりを指名する

生徒と深い関係を築きたいのであれば、気にかけていることを示すとともに、公平性を保つ必要があります。答えを知っているためにしょっちゅう発言したがる生徒もいれば、すぐに質問をしたがるという生徒もいます。クラス全体がこのような生徒たちだったらいいと思うでしょうが、逆に、決して発表しないという生徒もいます。答えを知らないのか、そもそも興味がないのか、もしくは、指名されることを恥ずかしいと思っているだけかもしれません。そのため、教師が初めから公平でいようとしていることを示す必要があります。その方法として二つ紹介します(11)。

アイスキャンディーの棒を使って公平性を保つ——アイスキャンディーの棒に生徒の名前を一人ずつ書いてコップに入れておきます。そして、質問をするときに一本引き、引いたものは別のコ

(11)　静かな生徒への対応の仕方や、能力差がありながらも公平性を確保しようとする方法について書かれている本に『静かな子どもも大切にする』や『挫折ポイント』、『私にも言いたいことがあります！』があります。本書に挙げられている方法以外にも紹介されていますので、参照してください。

ップに入れていきます（こうすれば、順番に全員を指名することができます）。

カードを使って細工をする――カードに生徒の名前を一人ずつ書きます。生徒に質問をするとき、カードの山から一番上のカードを取って名前を呼びます。時々「細工」をして、もっと発言してほしい生徒の名前のカードを何枚か用意しておくというのもよいでしょう。

どちらのやり方をするにしても、カードやアイスキャンディーの棒をわざと落とすとよいでしょう。そして、「おっと、また初めからやらないと！」と言います。こうすれば、自分の番が終わったと思って油断している生徒をなくすことができます[12]。

教師と生徒の関係を築くうえでのさらなる工夫

生徒との関係を築くためにさまざまな方法を用いれば、さらなる工夫ができます。効果的な方法として、次のようなやり方が挙げられます。

- 保護者に肯定的なメッセージを送る。
- 家庭訪問をする。
- 放課後、うまくいかない一日を過ごした生徒に声をかけて、「きっと、明日はもっといい日になるよ！」と伝える。

・生徒の母国語で、簡単な言葉や言い回しを言ってみる。

2×10

２×10のコミュニケーション法は生徒との関係づくりに関する手法で、一九八三年から使われており、ほぼ普遍的にうまくいく、とても効果的な方法として認識されています。やり方は簡単です。毎日二分間ずつ、一〇日間にわたって課題の多い生徒とその生徒が話したいことについて話します。これを、クラス全員の生徒に行っている教師もいます。２×10では、あなた自身と生徒双方の負担はたいして重くありません。短い時間で、課題の多い生徒との関係を築くうえにおいては効果的な方法といえます。

どの学年においても、とくに規律を乱す生徒に対応するにあたってはとてもよい方法だと報告されています。必ず一人ずつ行いましょう。(13) 一〇日後にはその生徒と楽しいやり取りができ、よい関係が築けたと思えることでしょう。

(12)「この二つの方法は、すでに教師と子ども、子ども同士の間に信頼関係があって、発言のプレッシャーが少なくなっていないとマイナスになると思います」というコメントが翻訳協力者から寄せられました。

ウォルシャート先生は、理科の授業でグループ・プロジェクトを行いました。アビは落ちつきがなく、グループ外のほかの生徒にまでちょっかいを出していました。ウォルシャート先生はアビを叱らずに（もしそうしていたら、別の問題が生じていたでしょう）、教卓に呼んで「家で何かあったの？」と尋ねました。

アビは、父親が二週間前に家を出たこと、母親が仕事を探していること、学校以外の時間は自分が妹の世話をしていることを話しました。ウォルシャート先生は驚き、彼の様子がおかしかったことについて納得できました。

それから二分も経たないうちに先生は、「ほかの生徒の話を聞いて課題に貢献するように」とアビに言ってグループに戻しました。グループに戻ってからアビは、何の問題もなく過ごしました。

翌日、ウォルシャート先生がアビに様子を尋ねました。彼は、自分でつくろうとした朝食がめちゃくちゃになってしまった話を面白おかしく教えてくれました。いつもなら母親が充実した朝食を用意してくれるのですが、彼は料理の仕方を知らなかったようです。

ウォルシャート先生は、話を聞きながら笑って、そして自分の話を少ししました。その日のアビのふるまいは、とてもよくなりました。ウォルシャート先生は、「あと八日間！」と自分に言い聞かせました。

ウォルシャート先生は、ほかの生徒ともできるかぎり二分という時間を取ることで、アビだけではなくほかの生徒とも関係が向上していきました。ウォルシャート先生のクラスでは、問題行動を正すことが重要な課題ではなくなりました。

なかには、時間がなく、「一人の生徒に毎日二分間も費やせない」と主張する教師もいます。そのようなときには、教室を見学するために出向きます。先生方が忙しいことは十分に理解していますが、私が教室を見学するときには、授業でもっとも貴重である時間をどのように使っているのかについて注目します。

通常、教師は授業中の数秒から数分間は、生徒のふるまいを正すために費やしています。その時間を書きだし、見学後にクラスの教師に対して、生徒と教師の双方が注意と授業内容に戻るまでに費やした時間を指摘します。ほとんどの場合、その時間が二分を超えています。

生徒は、誰かに話を聞いてもらいたいと切に願っています。２×10では、取り組みはじめること自体が一番難しいので、場合によっては、あなたに話をするのが好きな生徒からはじめて、問

(13)　ライティング・ワークショップやリーディング・ワークショップでは、年間を通して、カンファランス（個別の生徒との対話）の場で二週間に一回程度の対話を生徒と行い続けますから、いい関係ができるだけでなく、生徒は書くことや読むことも好きになります！

題行動のある生徒にその会話を聞いてもらうようにするのもよいかもしれません。さらに、その生徒を会話に誘うというのもよい方法でしょう。注意すべきことは、この会話の目的は学校の課題についてではなく、お互いをよく知るためのものであるということです。

次の話は、一〇年生の生徒との関係を改善したときのもので、今でもよく覚えています。

私はウィルのことを少し怖いと感じていました。いつも黒の皮ジャケット、黒のズボン、黒の皮ブーツを身につけていて、ポケットからはチェーンのようなものがいくつも出ていました。授業に参加してもらいたいと思うとき、ウィルは、私のこともほかの誰のことも気にかけていないとでもいうかのように、チラッと視線をこちらに向けます。ウィルは、クラスで信頼関係を築く必要のある筆頭候補といえる生徒でした。

ある日、廊下にあるロッカーの前でウィルを見かけました。彼はイヤフォンをしていて、ふりかえったところに私がいました。彼は驚いたようでした。私は彼に気づかれたくないと思っていましたが、向かいあった状態になってしまい、困惑げに私を見ました。

何を言えばいいのか私は分かりませんでしたが、何か言わなければいけないと思って、「ウィル、何を聴いているの？」と尋ねました。彼はボソッと、私が聞いたこともないヘビーメタルのロック・グループ名を口にしました。

私は「聴かせてくれる？」と尋ねました。彼はスマホにつながっているイヤフォンを取って、私に差しだしました。イヤフォンから流れてくる音楽は、私にはまったく受け入れられないものでしたが、一分ほど聴いて「もういいか」と思ったとき、イヤフォンを外して笑顔を見せ、「いいね！　ありがとう」と言いました。彼は、少しおかしい人を見るかのような様子で私に目を向けたのですが、私は「おかげでいい日になったわ！　では、また教室でね！」と言いました。

その後、ウィルが魔法にかかったかのように模範的な生徒になった、というわけではありません。ただ、私にとってはそのやり取りが魔法のようなもので、そのあとから彼は、少し関心をもってくれているような視線を向けるようになりました。そして授業中、彼は私からの質問には答えず、授業に関する質問もしませんでしたが、私が話しかけると答えてくれるようになったのです。また、私やほかの生徒の発言にうなずくこともありました。

廊下で再び出くわすことはありませんでしたが、カフェテリアで（人間関係を築くために、私は毎週金曜日に生徒とともにカフェテリアで食事をしています）見かけたときには言葉を交わし、時には笑顔を見せるようになりました。

なかには、自分との共通点が何も見つけられないと感じる生徒もいるでしょうが、実際には共通することがたくさんあります。ただ、それが何なのかを、探していくという姿勢が重要となります。

生徒と話すときには、質問からはじめることは避けましょう。2×10の時間がもっとも必要となる生徒には、授業中、教師からの質問に答えたがらないという生徒がたくさんいます。これまでの経験から、教師は質問しかしない、と思っているのです。その代わりに、「私の娘もこのジーンズを持っていて、すごく気に入っているのでいつも履いているの。私も自分用に一本買おうかと思っているんだけど、履き心地はどうなの？」というようなコメントからはじめてみましょう。少しうなずいてくれただけでも、信頼関係を築いていく環境が整いはじめたことになります。ほかにも、「息子の誕生日プレゼントをどうしようかと悩んでいるんだけど、何かいいアイディアはないかしら？　○○○にしようかと思っているんだけど……」というように話を切りだすのもよいでしょう。

生徒は、これらのコメントにはよい反応をしてくれます。教師が生活の一部を伝えることで、次の機会に何かを話してくれるようになるのだと生徒は考えています。「お互いを知る」ための活動（三五ページにあるような自己紹介を伴う椅子取りゲーム）から集めた情報が、少しずつ生徒との関係を築くものとなっていきます。

アドバイザリーの時間を設ける

関係性を築くためには、アドバイザリー(14)の時間を設けることも効果的です。アドバイザリーの時間には、生徒たちはグループになって、会話を見守る役割の大人とともに情報を交換します。この活動には心を落ちつかせる効果があり、生徒たちは、学校における学びに取り組むための心構えができます。

脳は決まって行われることを好み、ここで毎日決まったやり取りをすることで、生徒が感じていることを話したり、人の話をていねいに聞いたり（自制心の一つ）、肯定的な発言ができるようになります。家庭において問題や心の傷を抱えている生徒は、自分の特別な居場所だと感じるようになるでしょう。

高校の場合でも、もちろん時間割は異なりますが、アドバイザリーの時間の目的は同じようなもので、成績、意欲、人間関係、学習計画、進路、所属意識や承認欲求などについての話し合いを行います。この時間に、生徒が考えていることや心配していること、あるいは教師に知ってもらいたいことを話してもらうというのもよいでしょう。毎日、このための時間を設けることが望

（14）三〇年ぐらい前からホームルームが機能しなくなったということが理由で、中高において導入された多学年制のゼミのような時間のことです。詳しく知りたい方は、『シンプルな方法で学校は変わる』の二一三～二一八ページと『The Big Picture（邦題未定）』（とくに第３章）を参照してください。

ましいのですが、一週間に二回でもよいでしょう。(15) アドバイザリーの時間を取り入れる方法として次のようなものがあります。

・朝の会や帰りの会、学活の時間を使う。
・昼食の時間に話せる時間を見つける（三六ページの「昼食グループ」を参照）。
・学級活動に使われている時間を選ぶ。
・必要に応じて時間を設定する（朝や帰りの会、学活の時間で足りなければ昼食の時間を使う）。

朝の会

朝の会は、コミュニティーを築くうえですばらしい方法です。通常は低学年で行われるものですが、全学年を通じて効果的な時間として使われてもいます。朝の会では、一般的に次のようなことが行われています。

挨拶――教室の入り口ですでに挨拶を終えていても、朝の会の冒頭にもう一度挨拶をし、一日のはじまりを歓迎しましょう。

情報を分かちあう――生徒たちは、日常生活で起こったことについて伝えあったり、質問しあったりします。

グループ活動――学年の初めには、「お互いを知る」ための活動を取り入れるとよいでしょう。私が気に入っている活動は、自己紹介をしながら行う椅子取りゲームで、数十年前に参加したワークショップで知って以来、クラスやワークショップで使っています。やり方は次のとおりです。

❶椅子を隙間がないように詰めて円形に並べる。
❷子どもたちが椅子に座り、教師が円の中央に立つ。
❸教師が「やあ、私は〇〇〇先生です」と言う。
❹子どもたちが「やあ、〇〇〇先生」と答える。
❺教師がひと言で自己紹介をする。たとえば、「私は犬を飼っています」と言う。
❻その自己紹介と同じことが自分にも当てはまる生徒（右の場合は、同じように犬を飼っている生徒）は、立ちあがって違う席に着く。その間に教師も席を探して着席する。
❼椅子に座れなかった生徒が中央に立って、ひと言で自己紹介をする。

この活動は、どの学年の生徒でも楽しめます。生徒全員が中央に立って自己紹介し、自分について何かを述べるまで続けます。この活動の終わりには、全員の名前と何らかの共通点が見つけ

(15)　毎日行う場合は一五～二〇分。週に一～二回行う場合は、長めに四五分～一時間取ることが多いです。

られるので、その後のやり取り（たとえば、２×10など）において有益です。

昼食グループをつくる

中高生の場合は、一日の時間割が詰まっているために時間がかぎられ、朝の会だけではお互いに知りあうことが十分でない場合があります。そのときには、昼食時間の数分を使う、もしくは昼食を食べながら話すことでうまくいく場合があります。

私も中学校の教員時代、ホームルームの時間がとても短かったので、すでに述べたとおり、金曜日にはカフェテリアで生徒と昼食をとるようにしていました。そうすることで、生徒が週末に楽しみにしていることや、その週の課題や評価について、さらには、何か話したいことがあるかなどといった生徒の様子を確認することができたので、つ、な、が、りを感じるとてもよい時間となっていました。

関係を深める

ある研究では、クラス内の人間関係を構築し、維持し、修復するための対策によって、学習への参加が三三パーセント向上するとともに、問題行動が七五パーセント減少し、より質の高い集中した授業時間が増えたと報告されています。［参考文献34］

表1－1 人間関係の構築・維持・修復方法に関する三つのステップ

関係をスタートし、築いていく	・教室の入り口で挨拶をする。 ・自由に回答でき、よく考える必要のある質問をする。 ・生徒が中心となって行える活動を取り入れる。 ・一対一の時間を取る（2×10や授業中のカンファランスなど）。
維持	・生徒と定期的に話し、様子を見る。 ・よいふるまいを指摘する。 ・肯定的なやり取りをする。 **信頼はお金のように貯められます。「信頼口座」の方法(注)として、次のようなことが人間関係の維持につながります。** ・約束を守る。 ・小さなことにも気を配る。 ・期待していることをはっきりと伝える。
関係修復	・生徒が失敗にこだわってしまわないようにする。 ・生徒自身ではなく、行動やふるまいを指摘する。 ・生じている問題について、教師は自分の責任を果たす。 ・影響を受けている生徒に働きかける――向きあう。 ・問題およびそれによって損なった人間関係を修復する。 ・行動を変える――フォローアップする。

（注） これは『七つの習慣』で有名なスティーブン・コヴィー（Stephen Richards Covey, 1932～2012）によって提唱されたアイディアの一つです。

人間関係の構築・維持・修復方法には三つのステップがあります。その三つとは、「人間関係をスタートして築いていくこと」、「悪化しないように維持すること」、「問題が起こったときには修復すること」です。各ステップでの方法として、前ページの**表1－1**に挙げたものがおすすめです。

人間関係を築き、維持し、修復する過程にはさまざまな形があります。[16] 生徒たちに、あなたについて知ってもらうことが第一のステップです。

三 一人ひとりの生徒に物語がある

本章の冒頭で取り上げたサラ先生は、ここで紹介したさまざまな方法を試み、2×10がとても効果的だと感じました。一人の生徒と毎日数分の時間を取るにつれて、一五〇人の生徒それぞれに話したいことがあると分かり、サラ先生が聞くための時間を取ったことがほかの生徒にも伝わっていきました。それによって、生徒たちのなかにあった「サラ先生は親身になってくれない」という認識が変わっていきました。

私たちは、人間関係のなかで生きています。教師は、生徒の行動が単に大人の手を焼かせるためのものではなく、つらい時間を過ごしているというシグナルを発しているという事実を忘れてしまうことがあります。なかには、ストレスを感じ続けている生徒や、新たな未知の状況に不安や恐れを抱いている生徒もいます。生徒に必要なのは、親身になってくれる一人の大人で、その人との出会いによって人生が変わります。困難な状況に向きあうときには、肯定的な方法で対応することが大切です。

本章のまとめとして、想定される状況とそれぞれへの望ましい対応を**表1－2**として次ページに示しました。

---

(16)　とくに、関係修復に焦点を当てた詳しい方法が紹介されている本として、『生徒指導をハックする——育ちあうコミュニティーをつくる「関係修復のアプローチ」』がありますので参考にしてください。

表1－2　想定される状況とそれぞれへの望ましい対応

想定される状況	望ましい対応
生徒と関係を築きたい	信頼してもらえるよう、ていねいに話し、生徒の名前を呼ぶ。
生徒と信頼関係を築きたい	アイコンタクトをとり、名前を呼び、生徒が興味をもっていることを尋ね、ほめて感謝を述べる（30ページのウィルとのやり取りを参照）。
生徒のふるまいや行動を改善したい	話しかけるきっかけとして、すでに知っていることを述べる、約束をする、あるいは「これは○○○さんのいつもの行動ではないですね。私の知っている○○○さんは優しいです。何か話したいことはありますか？」といったように尋ねる。
生徒の学力を高めたい(注)	生徒の所属意識を高める。
生徒との関係を修復したい	関係が壊れてしまった原因となることについて、当事者が自分の責任を果たせるようにするとともに、教師としての役割を果たす。
生徒の所属意識を高めたい(注)	教師がそれぞれの生徒に敬意を表すとともに、親身でいることや一人ひとりの生徒に配慮していることを示す。
学年の初めに生徒との関係を築きたい	笑顔で挨拶をし、自分の個人的な話をする。

（注）学力を高めたいについては、『挫折ポイント』や『ようこそ、一人ひとりをいかす教室へ』が、所属意識を高めることについては、『居場所のある教室（仮題）』が参考になります。

第2章

共感する

共感する力は育てられます。
共感力を育てることで、
子どもたちの人生が変わります。

（ミッシェル・ボーバ）*

（*）（Michele Borba）教育心理学者。『共感力を育む――デジタル時代の子育て』（佐柳光代・髙屋景一訳、ひとなる書房、2021年）などが邦訳されています。

エルジーは、教室に入ると机に教科書を投げだし、目に涙をためて言いました。

「友だちに、チアリーディングの入団テストに挑戦すると言ったら、みんながバカにして、私が飛びはねたら必ず転ぶって、笑われた。ブリアナなんて、私のような髪型の人はチアリーディングにいないって言うし、チアリーディングのみんなはかっこいい服を着てるから、私にはバンドが向いている、とも言った。それを聞いて、ほかのみんながもっと笑った」

このような状況に直面すると、脳は深く考えずに衝動的に反応しようとします。私はまず、「その子どもたちをみんな集めよう」と考えたり、エルジーに、「気にしないで、気持ちを強くもちなさい」と言うべきかと悩んでしまいます。

もしくは、「中学校は社会の縮図です。元気を出して！　人生においては、あなたのことを好きになる人もそうでない人もいるし、あなたにも笑ってバカにしたくなる人や、人生でかかわりたくないと思う人がいるものよ」と、声をかけようかと思いをめぐらせます。

しかし、この状況では、このような声がけが適切であるとは思えません。

生徒のことを思い、幸せを願っている教師は、「昨日、あなたが着ていたセーターはとてもかっこよかった」とか「去年みたいに髪を下ろしたらいいんじゃない」といったように声をかけるかもしれません。しかし、このような発言は共感しているといえるでしょうか？　明らかに違います。このような発言は、エルジーが言うところの「みんな」に同調することになってしまいます。

共感できる教師とは、心の奥底において、他者を自分のことのように感じられる教師です。すべての教師に七年生だったときがあって、手に汗をかき、不安を感じていたことがあります。共感できる教師は、きっと「それは、とてもつらいね」と言うでしょう。そして、嫌な目にあわせた生徒を指導したり、罰したりすることも、ファッションや髪型についてアドバイスをすることもありません。エルジーの横に座って、彼女の感情を認め、居場所があるということを知ってもらいます。

自分自身の弱さをさらけださずに、共感することはできません。自分自身にも、共感を寄せる相手にも、本当の自分をありのままに見せなければ、その人の立場になることはできません。生徒は、周囲になじむためと、自分の居場所をつくるために最善を尽くします。ただ、この二つには大きな違いがあります。

「周囲になじむ」ためには、ほかの人たちから浮かないように、自分自身を変える必要があります。一方、「居場所をつくる」場合には、バカにされたりきまりが悪くなったりすることを恐れずに、ありのままの自分でいられるように努力しなければなりません。［参考文献21］

三　あなたの痛みを感じる

教育分野での社会活動家であるメアリー・ゴードン(1)は、「共感は教えられるものではない、経験するものだ」と述べています。〔参考文献63〕

学校生活をはじめるにあたって、生徒が共感できないことについて嘆く教師が多いものです。しかし、教師は、家庭で共感できるようになってから学校生活を迎えることを強く望んでいます。『子どもの共感力を育てる』（ブルース・D・ペリー、マイア・サラヴィッツ／戸根由紀恵訳、紀伊國屋書店、二〇一二年）で述べられているように、「人は誰にでも共感を寄せるわけではありません。子どもが他人に共感を抱けるようにするには、特定の経験をさせたり、周囲の人々が具体的な行動で示したりする必要があります」〔参考文献136〕。では、「共感する」ということについて家庭で手本が示されていない場合、どのようにすれば生徒は共感できるようになるのでしょうか？

メアリー・ゴードンは、一九九六年に共感する力を育むプログラム「共感のルーツ（Roots of Empathy）」をはじめました。このプログラムでは、生徒の共感を育むためにとても効果的な方法が用いられており、著名な研究者たちにも認められました。

　ゴードンは、月に一度、教室に赤ちゃんを連れていきました。生徒たちは赤ちゃんを観察し、あやし、赤ちゃんが何を感じているのかについて話し合います。そして、赤ちゃんが成長し、変化していく様子を目にしたり、仕草や表情、行動を観察したりすることで、赤ちゃんが何をどのように感じているのかを推測していきます。

　ゴードンは、共感についてのインタビューにおいて、「ほかの誰かと同じ肺で呼吸する」ことであると、比喩的に語っています。〔参考文献64〕

　とくに、裕福な家庭で育った生徒の場合には共感する力が欠けている、と主張する研究があります〔参考文献67、69〕。一般的には、裕福な人ほど他者を気にかけないという傾向があり、ほかの人の苦しみについて理解を示すことが少ないようです。

　私も、アメリカの学校でこの現象を目の当たりにしてきました。社会的経済的に恵まれた生徒たちは、そうでない生徒に対して共感を示すことがあまりありませんでした。もちろん、裕福な家庭の子どもたちがみんなそうだ、というわけではありません。保護者によって共感が示されて

（1）（Mary Gordon）二〇一〇年、国連の「国際識字デー」のイベントにて「感情リテラシー」についてスピーチを行うなど、共感力について国際的な影響を与えているカナダ人です。

きたのかどうか、もし示されてきた場合、どのような方法で行われたのかによって変わってきます。

自らが悲惨な状況を経験していないために、つらい経験をしている友人に共感することができず、その友人を避けてしまうという生徒もいます。たとえば、親が亡くなって苦しんでいる友人を避けてしまうという場合です。共感することができず、友人と向きあうことができないのです。おそらく、あなたもそうした状況を目にしたり、自分自身で経験したことがあるでしょう。あなた自身や家族が重い病気にかかったとしたら、繰り返し連絡をくれてサポートしてくれる友人がいる一方で、距離を置こうとする友人がいるはずです。

私たちは、このような状況のときにこそ真の友人が分かると考えるかもしれません。共感できるようになるには痛みを伴う経験が必要で、過去の経験がなければ対応が違ってきます。

三 共感の種類

共感できる力は、自分自身と他者の心を見る力という意味において「マインドサイト――心を見る力」とも呼ばれます。作家で講演者のスティーブン・コヴィー（三七ページ参照）は、著書において「理解してから理解される（七つの習慣の五番目）」と述べています［参考文献36］。これは、とくに教師に関係のあるものだと思います。

私たち教師の仕事は、知識を伝えると同時に、生徒たちが探究し、発見していく様子をサポートすることです。教師は常に、自分の発する言葉を理解してもらおうと努めています。しかし、共感できる教師とは、一人ひとりの生徒に共感し、それぞれがどのように学ぶかについて分かっている人です〔参考文献73〕。スタート地点は共感、つまり学習内容に対して生徒一人ひとりの位置を理解することからはじまるのです。

共感は「認知的共感」と「感情的共感」、「思いやりのある共感」の三つに分類され、順番に、認識すること、感じること、そして他者を思いやることであるとされています。この三つのどれに当てはまるかを考えながら共感の種類について考察し、生徒とともに学んでいきましょう。

認知的共感は他者の立場に立つこと（他者視点の獲得）ともいわれ、人がどのように感じて、何を考えているのかを理解する力のことです。ここでは、他者の感じていることや考えていることを、よく聴くことがカギとなります。他者を理解するためには、相手の言葉にしっかりと耳を傾け、しっかりコミュニケーションをとる必要があります。生徒が使っている言葉をよく聴き、教師が真摯に向きあうために情報を読みとりましょう。

感情的共感とは「他者の感情を共有する力」です。この種の共感では、人の感情を「感じとる」ことによって感情的なつながりが築けます。そして、思いやりのある共感とは、感情を理解し、認知的共感と感情的共感のさらに先へと進んだものです。つまり、行動につながり、他者の助けになろうとすることです。

この三種類の共感を理解するために、次の状況を考えてみましょう。

生徒が泣きながら登校してきました。ほかの生徒から、その生徒の家族が飼っている犬を安楽死させるために、動物病院に連れていかなければならなかったという話を聞きます。まず、あなたは同情し、教室の入り口で本当に気の毒に思っていることをその生徒に伝えます。

ここで共感を示したいのなら、さらに何かをしなければなりません。まず「認知的共感」として、生徒が体験していることを想像します。そして、どれくらいの期間を家族がその犬とともに過ごし、生徒がどれほど犬を愛していたのかについて考えます。

次の「感情的共感」は、生徒が経験したことを自分自身の問題として感じようと努めることです。ペットを亡くしたことがあれば、そのときの感情を思い出すかもしれませんし、そのような経験がなければ想像します。

そして最後に、「思いやりのある共感」によって行動が起こされます。生徒が話したがっているのならば、普段よりもしっかりと時間を取って話を聴き、一人になりたがっているのであればそのような場を提供します。生徒がひどく動揺しているようであれば、落ちつくまで課題の提出期限を延ばすこともあるでしょう。もし、気をまぎらわしたいと思っているようであれば、没頭できそうなグループ活動を取り入れます。これらはすべて思いやりの現れであり、まさに思いやりが形となった共感といえます。

三　脳の中の共感

　人が他者に共感を示さず、過度に自己中心的なふるまいを行う場合、脳の一部がその人の考え方を正すことが分かっています〔参考文献124〕。これは「右縁上回《うえんじょうかい》」と呼ばれ、前頭葉の頭頂葉と側頭葉とにつながる場所で起こります。右縁上回が脳に「自動修正」を行い、他者に向きあい、「他者の立場になれる」ことが研究によって明らかになりました（**図２－１**を参照）。

「右縁上回がうまく機能しないとき、あるいは多くの幼い子どものようにまだ十分に発達していないときは、人は自分の感情や状況をそのまま他者にぶつけがちとなります」〔参考文献123〕

　幸いなことに、この右縁上回は子どもが成長するにつれて発達を続け、使えば使うほどよく機能するようになります。

　また、私たちは、配偶者や友人、パートナーなど身近な人と密接に結びつくために、生まれながら共感できるようになっているともいわれています〔参考文献33〕。私たちみんなが経験する自

図2－1　脳における共感

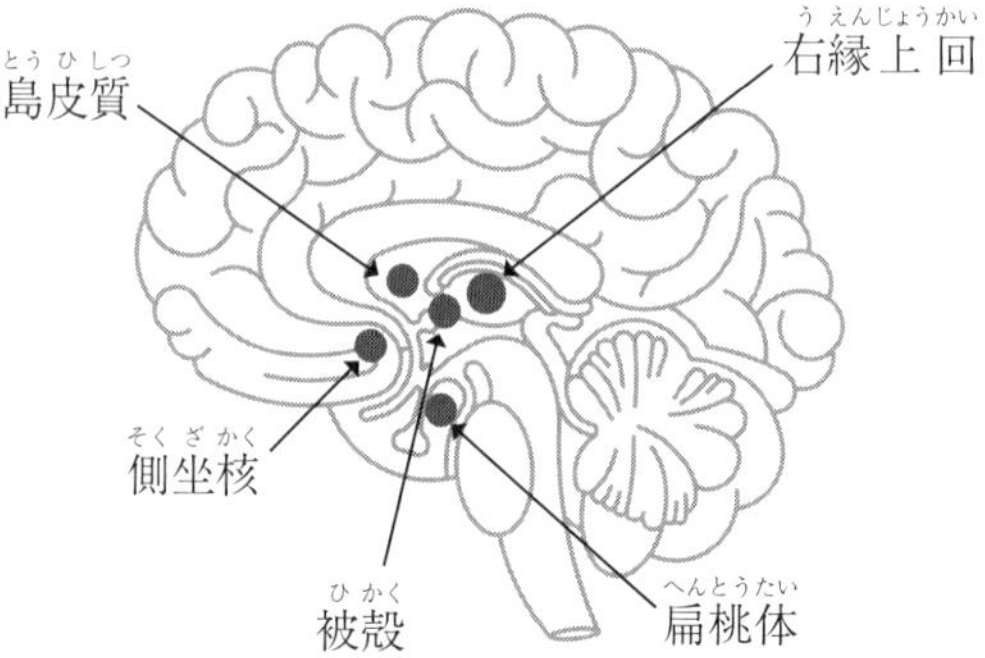

己中心性は、ごく自然なことなのです。生存本能がゆえに自分を第一に考えるわけですが、他者が身近で大切な存在になると、脳が自分とその人を結びつけて考えるようになるのです。

磁気共鳴機能画像法（fMRI）を用いた脳の診断画像に関する研究から、人は自分とつながりを感じる人に対して共感することが分かっています［参考文献33］。つまり、私たちの自己認識は、身近に感じ、共感できる人によって形づくられているということです。親しく感じる人に共感するときには、脳内では右縁上回に加えて、「島皮質」と「被殻」と呼ばれる部位が活性化します（**図2－1**参照）。これらの三つの部位は、知らない人には反応しません。

知らない人に共感するときには、何らかの共通点がある場合がほとんどです。たとえば、二〇〇一年九月一一日に起こったテロ攻撃について考えると、まったく知らない人の痛みや死に心が揺さぶられ、家族を失った人々や犠牲者の救出にあたった消防士、第一線で対応にあたった人々に共感したことを思い起こすでしょう。多くの人々が、事件と自分の置かれている状況との関連を見いだしたからです。初めに思いをめぐらせたのは、自分自身や家族、友人についてだったかもしれません。しかし、悲劇の様子が明るみになるにつれて、自分自身をその状況に重ね、他者の痛みを感じはじめることで「ミラーニューロン系（Mirror neuron）」が活性化します。

ミラーニューロン系は脳内全域に張りめぐらされており、自分が行動を起こすときや他者の行動を目にすることで動きだします。最近の研究では、人が他者の感情を観察するときにもミラーニューロン系が活性化することが分かってきました。

ミラーニューロン系が活性化すると、たとえ同じ経験をしていなくても他者が経験していることをある程度「感じ」やすくなります。誰かと喜びを分かちあうときには、直接喜びを経験している本人のみではなく、喜びを共有している他者の脳の中でも感情をつかさどる部位、とくに喜びに関する側坐核にあるニューロン系が活性化されます。これと同じく、恐怖心に共感する場合は、直接恐怖を感じている人と同じように扁桃体が呼び起こされます。

試験に対して過度に不安を抱えている生徒がいたとします。教師自身が試験に不安を感じた経験がある場合には共感しやすいでしょう。生徒が不安を乗り越えられるように、何かできることをするかもしれません。また、あなたが恐れや不安を抱いているとき、もし友人があなたを避けているようであれば、あなたの感じている痛みが友人に伝わっており、どうしようもなくなってしまって距離を置こうとしているのかもしれません。

私たちが人と経験を共有するときには、感情システムと記憶システムとともにミラーニューロン系が活性化され、その三つが一体となって状況を理解し、共感することができるように導いてくれるのです。［参考文献99］

三 共感する力を育てる

乳児は一般的に、保育園でほかの赤ちゃんが泣いていると自分も共感して泣きだすものです。また幼児は、ほかの幼児やきょうだい、親が泣いているのを止めようと、気をまぎらわせたり、話しかけたり、一緒に悲しんだりして共感を示します。このような形ですでに共感を経験してきた生徒の「共感する力」を高めるために、学校では何ができるでしょうか？

子どもがある年齢に達すると、共感されない場面や共感することがふさわしくない場面に出くわしたとき、共感してきた過去の記憶が薄れてしまいます。私たち教師は、過去に共感する力があった生徒にも、共感したことがない生徒に対しても、共感というものがどのようなもので、どのように感じられるのかについて考えるための機会を提供しなくてはなりません。生徒に共感を

「教える方法」として、学校では次のようなことが実践されています。

手本となる

生徒に共感を教えるうえで一番大切なのは、手本を示すことです。生徒は、あなたがしていることを見ています。小さな子どもが両親の反応ややり取りを注意深く観察している場合と同じように、すべての生徒が教師を、とくに教師とほかの生徒とのやり取りを見ています。

ある生徒が何かよいことをしたら、あなたがどのように反応するのか。ある生徒が何か悪いことをしたら、あなたがその生徒をどのように見つめ、話しかけ、どのような行動をとるのか――生徒たちは、自分が同じ状況になったとき、あなたがどのようにふるまうのかを知りたいと思っています。

つまり、怒ったり、困ったり、イライラしたりしている生徒に対して、あなたがどのように対応するのかを見ているわけです。

教師が生徒を理解しようと心がけ、親身になってくれる存在だと思われるように努めていれば、生徒は感じていることを進んで話してくれるようになるでしょう。生徒は、思いやりをもって対応してくれる教師がいると分かると、教師に信頼を寄せるようになります。

理解しようと心がける

共感は、人の立場に立って物事を見ようとすることからはじまりますが、いつも簡単にいくわけではありません。前もって準備をし、生徒の状況と感情を知るためにうまく質問できるようにしましょう。

「あなたがこれについてどう思っているのか、私が理解できるように教えてくれる？」と尋ねるのがおすすめです［参考文献62］。このように尋ねられても、どのように返答したらよいのかと生徒は戸惑うかもしれませんが、尋ねたこと自体が生徒のストレスや不安を減らし、教師に信頼を寄せ、話しやすい状況を生みだします。

話すのではなく質問をする

私たちは、「……が悲しいに違いない」とか「怒っているみたいだね」などというように、子どもたちが感じている様子を伝えてしまいがちです。しかし、話すのではなく質問をすることがとても大切だと指摘されています。［参考文献8］

人は、表情と身ぶりに大きく影響を受けます［参考文献7］。注意をして、「私にはあなたが○○と感じているように思うけれど、それで合っている？」とか「どのように感じているのか聞かせてくれる？」と尋ねるとよいでしょう。

感謝を示すメモ

教師や学校用務員などの職員に感謝する日を設けている学校もあります。このような機会に、生徒をかかわらせることが重要です。掲示版やテーブルを使って、何かをしてくれている人たちに生徒が感謝を示す日を設けるというのはいかがですか？

私が顧問をしていたチアリーディング部の生徒たちは、感謝を示すためにパフォーマンスを行うことがありましたが、時間の制約があり、別の方法をとることもありました。たとえば、「誰に感謝しますか？」と記したカラフルなメモ用紙や封筒をテーブルに設置して、生徒がそこに職員の名前や担当部署を書くようにしました。

生徒は、グループ、もしくは一人ひとりが、具体的に感謝のメッセージを書き、その手紙がそれぞれの人に届くようにしました。なお、全職員の名前を書いた紙を置いておき、生徒が名前を間違えないように配慮もしていました（その理由は、名前を間違われて残念がっていた職員がいたからです）。

親切の壁

廊下や図書館などの生徒が集まるところで、掲示板や付箋を使って親切な行動を促しましょう。親切に関するコラージュをつくって、生徒の印象に残るようにしましょう。付箋とペンを置いて、

「今日はどのような行動を目にしたり、行ったりしましたか？」と書いておけば、生徒たちがその日の学校でふれた親切について考えるきっかけとなるでしょう。

たとえば、「サラがノックス先生のためにドアを押さえていた」とか「ミロが手をケガしているウェンディーの本を運んでいた」など、簡単なことを書けばよいのです。そして、生徒たちには、誰かが親切にしてくれた場合は、それを「恩送りをする」(2)ように促します。こうすることで、思いやりのある行動がさらに広がっていきます。付箋に書けるようにしておけば、中高生も紙吹雪が舞うように、自分の周りに親切の輪を広げていくことができるでしょう。［参考文献9］

生徒たちは、誰かが自分に対して何かよいことをしてくれたと感じても、それに対して感謝の気持ちをほとんど表しません。「親切の壁」や個人のロッカーなどに、無記名で親切についてのメモを書いて貼っておけば、思春期の生徒が思いやりについて気づくきっかけとなります。このような活動は、生徒が日常的にふれている親切に対して、彼らの目を向けさせるのに有効といえます。

対面でのコミュニケーション

共感しあえる関係を築くには、面と向かって話すことが一番だといわれています［参考文献15］。

一方、ソーシャルメディアなどオンラインの環境でも共感力を育てることができるという研究もあります。しかし、教師をコーチとして生徒が共感について初めて学んでいるときには、そのような媒体や環境を制限することが大切となります。

なぜでしょうか？　インターネット上では、情報の裏にある意図をくみとり、情報が書かれた背景を理解することがとても難しいからです。ある研究によれば、数日間スクリーンタイム（パソコンやタブレットなどの画面に向かう時間）のなかった生徒のほうが、感情のサインをよく読みとり、共感をもったやり取りができる、と指摘しています。［参考文献141］

対面でのコミュニケーションでは、話し声や視覚的な刺激によって、その場の脈絡や意図が伝わりやすくなります。言葉以外のコミュニケーションとしては、顔の表情、アイコンタクト、声の調子といった分かりやすいものから、姿勢や距離感といった分かりにくいものがあることをふまえておきましょう。(3)［参考文献88］

（2）　恩返しではなくて、ほかの誰かに対して親切にすることです。映画の『ペイ・フォワード』（ミミ・レダー監督、二〇〇〇年）をぜひ観てください。

（3）　ある研究によれば、実際に話された言葉がメッセージの伝達に占めた割合はわずか七パーセントで、言葉がどのように話されたのか（声の調子）は三八パーセント、そして顔の表情や身ぶり・手ぶり（ボディーランゲージ）は五五パーセントであったことを発見しました（『好奇心のパワー』の四三ページを参照）。オンライン上のやり取りは、メッセージのわずか七パーセントを伝えるにすぎないのかもしれません。

ほとんどの学校では個人所有の電子機器の使用が制限されているため、授業中は、生徒の対面コミュニケーション能力をサポートするためにうってつけの時間となります。次のような方法を試してみましょう。

・アイコンタクトに慣れるために、話し手の目を見るように言います。話し手の目に集中している場合には、視覚的刺激や表情に気づきやすくなります。

・話し相手の目を真っすぐ見つめられるように、「目を見つめるコンテスト」をしてみましょう〔参考文献15〕。授業の合間の一〜二分で行えますし、この活動は中学生にも好まれます。

・一対一の会話をしているときにはほかのすべてのことをやめて、聴くことだけに意識を向け、集中できるようにしましょう。

地域貢献プロジェクト

地域社会へのかかわりも、生徒の共感する力を育みます。たとえば、食料品の寄付を募ったり、老人ホームを訪ねて話し相手を必要としている高齢者と話したり、災害後の支援をしたり、ゴミ拾いなどの美化活動をすることです〔参考文献5〕。街や地域社会のニーズを見極めるために、認知的な観点とＥＱとＳＱの観点からの調査が必要となります。そして、普段からこのような活動をしている生徒会や委員会などの垣根をこえてクラス全員がかかわれば、地域社会への興味関心の輪が広がっていきます。

ボランティア活動

学校の図書館やカフェテリア、もしくは学校内外でのボランティア活動も共感を培うことにつながります。たとえば、掲示物を作成したり、転入生をもてなしたりするためにボランティアを依頼するというのもいいでしょう。クラスや学校に来客がある場合、挨拶をして出迎えたり、必要なものを運んだり、教室内で行われていることを説明したりする役目を生徒に一任するというのもよい取り組みです。(4)

クラスでペットを飼う

都心部の学校で七年生を受けもっていたとき、クラスに「ホーミー」という名前のハムスターがいました。ホーミーのおかげで、感情や思いやり、共感を見せることがほとんどない「粗野な」生徒が変わったことに驚きました。意外な生徒が、ハムスターを抱いてやさしくなで、餌をやっ

(4)　これについては、『いい学校の選び方』という本の「いい学校の具体的イメージ」を書き表している四〜一四ページを参照してください。

たり、籠の掃除といった世話を率先して行っていました。

「共感のルーツ」プログラム（四四ページ参照）のように、ホーミーがお腹を空かしているのか、寂しいのかについて生徒たちは話し合いました。もちろん、生徒にはハムスターの表情は読みとれませんが、ホーミーの身ぶりや態度から感情を読みとることができました。

特筆すべきは、生徒がクラスメイトを助けるためにホーミーを使ったことです。たとえば、「先生、ジェダが悲しそうです。しばらくホーミーを抱いてもらいましょう。少しは気持ちが落ちつくと思います」といったようなことがありました。

ペットを飼うことには多くの責任が伴いますが、さまざまな機会も生まれます。学校のセラピー犬と触れあうこと（第4章で詳しく述べます）で生徒の気持ちが落ちつき、血圧が下がり、痛みが和らぎ、ストレスが軽減されるという効果があるとされています。動物と触れあう機会をつくることで、生徒は動物に親しみを感じることができ、動物の世話をすることを通じて生徒間では共感のあるやり取りが増えます。また、動物を飼った場合、テストの点数が高くなることがあるというのは予想外の効果でした。［参考文献150］

ごちゃまぜのランチタイム

この方法は「ラーニング・フォー・ジャスティス」(5)という教育団体からはじまったもので、生徒が馴染みのない生徒と一緒に昼食をとるという国際的なキャンペーンです［参考文献139］。通常、このキャンペーンは毎年一〇月に行われていますが、いつでも行うことができます。

この活動では、生徒に色を割りあてて色ごとのグループをつくり、各グループがカフェテリアを華やかに飾りつけ、昼食をとる各テーブルに会話のきっかけとなるテーマを用意しておきます。生徒の間にはある種の境界線があって、気まずい思いをしている生徒がたくさんいます。「ラーニング・フォー・ジャスティス」のウェブサイトには、この方法についての資料やアイディアがたくさん掲載されています。

文学作品――国語の授業

国語教師としての数十年の経験から、文学を扱った授業ではSELの要素が取り入れやすいと感じています。国語の授業には、本や物語の登場人物の立場になって共感できる機会があります。また、登場人物や状況を理解し、見極め、同情したり、登場人物の立場になって感じたりすることに文学が役立つという研究もあります。文学作品を読むことで他者とのつながりを感じ、共感する力が鍛えられるということです。

（5）https://www.learningforjustice.org/mix-it-up を参照してください。

すぐれた作家は登場人物を完全には描かないため、登場人物の頭の中で何が起きているのか、読者は理解しようと努力してしまいます。ただ楽しむだけではなく、読者の参加を必要とするフィクションでは、意図することなく登場人物に対する理解が促されるのです。［参考文献87］

また、文学作品を読むことによって、共感する力の高まりだけでなく、性格まで変わる場合があると指摘する研究もあります［参考文献43］。文学は、他者とかかわる疑似社会を体験させ、そのことによって自分自身を見る目が変わるという力をもっているのです。つまり、文学は、他者の立場に立つ疑似体験へと生徒を誘っているのです。

「三匹のこぶた」や「赤ずきん」のような単純な話でも、このような効果があります。視点を変えてオオカミの立場から物語を考えると、物事《ものごと》の見方が変わるかもしれません。ある脳科学の研究において脳スキャンをした結果、チャールズ・ディケンズ（Charles John Huffam Dickens, 1812～1870）やジェーン・オースティン（Jane Austen, 1775～1817）の作品を読んでいるときには、読者が登場人物に感情移入することが分かっています。［参考文献16］

『アラバマ物語』（ハーパー・リー／菊池重三郎訳、暮しの手帖社、一九八四年）や『シャーロットのおくりもの』（E・B・ホワイト／さくまゆみこ訳、あすなろ書房、二〇〇一年）でも、読者は登場人物の意図や感情を読みとろうと、その立場になって考えるにつれて、たじろぎ、泣き、歯を食いしばることになるかもしれません。また、『ラモーナは豆台風（ゆかいなヘンリーくんシリーズ８）』（べバリイ・クリアリー／松岡享子訳、学研プラス、改訂新版二〇一三年）を読んだ子どものなかには、主人公のラモーナを身近に感じ、忘れられなくなる子どもがたくさんいます。［参考文献15］

紙袋のひらめき

共感する力が育つと、いじめ防止にもつながるといわれています［参考文献15］。本書を執筆するにあたって、ある教師が書いた「紙袋を使っていじめへの抵抗力をつける」という記事を見つけましたが、これも、共感する力といじめ防止の関連を示しています。［参考文献65］

この教師は、ほかの先生と協力して「紙袋のひらめき」と名づけた方法を編みだしました。まず、それぞれの生徒に緑とピンクの付箋を三枚ずつ配ります。緑の付箋には、ほかの生徒がしてくれてうれしかったことやかけがえがないと感じたことを、ピンクの付箋には、腹が立ったことや恥ずかしい思いをしたことを書いて折り畳み、付箋の表にその行動をとった生徒の名前を書きます。

教師が付箋を集め、生徒の名前が書かれた紙袋にその付箋を入れていきます。集め終わったら生徒たちは紙袋を受けとり、中の付箋を見ていきます。なかにはピンクの付箋だけを受けとっている生徒や緑の付箋だけを受けとっている生徒もいますが、ほとんどの生徒の袋には両方が入っています。付箋に書かれている内容をみんなが読み終えたら、クラス全体で話し合いの場を設けます。

この方法では、自分がほかの人にどのような影響を与えているのかを知ることができます。同級生に嫌な思いをさせてしまったことを知った生徒は驚き、後悔します。ある生徒は、特定の状況に対してどのように対応したらよいのかについて提案します。また、常によい行動をとっている生徒は、やり続けることがいかに難しいかについて話をします。

クラス全体での話し合いによって、生徒一人ひとりがクラスメイトに共感できるようになり、この活動を取り入れたことで教室の空気が変わりました。「紙袋のひらめき」は、広げていくだけの価値が十分にある活動といえます！

ぐちゃぐちゃのハート

いじめ防止対策としては、いじめが人に及ぼす影響について生徒の理解を促す「親切波及プロジェクト」と呼ばれる活動もあります［参考文献116］。この活動はすべての学年で取り入れることができ、共感と思いやりの大切さを強調することになります。生徒に一枚ずつ赤いハート型の紙を配り、次の手順に従って行います。

❶生徒Aは、きれいに整った紙のハートを見つめます。その後、自分のハートを隣の生徒Bにわ

たしながら、自分自身の心だと思って大事にして気にかけるように言います。

❷生徒Ｂは、ハートに向けてわざと悪口を言い、ぐちゃぐちゃにして丸めたあと、床に投げつけて足で踏みます。

❸生徒Ｂがぐちゃぐちゃに丸まったハートを拾い、生徒Ａに対して謝ります。もう一度ハートを見つめて、謝り、思いやりのないふるまいをするつもりはなかったこと、ハートがどうなってしまうか知らなかったことを伝え、許してくれるかをどうかと尋ねます。謝っているときには、丸まったハートを開いてていねいに伸ばし、できるだけ元に戻すようにします。

❹生徒Ｂがハートを生徒Ａに返します。生徒Ａは、しわくちゃになったハートをかざし、どんなふうに見えているのかを言います。完璧な形を保っているでしょうか？　わたした相手は大切に扱ってくれたでしょうか？

❺教師は、人が暴言を吐いたり、けなしたり、悪口を言ったり、いじめたり、ソーシャルメディアでよくないことを書いたりするときは、常にハートの皺を増やしている状態と同じであると話します。

❻教師は、「謝ってもその皺が真っすぐに伸びることはありません。時間が経てば、その皺は薄くなるでしょうが、その人の心が完全に元の状態に戻ることはなく、傷は一生残ります」と伝えます。

❼最後に生徒たちは、みんなでほかの人の心と感情を大切に扱う責任について話し合います。

教師の自己評価

教師は、「生徒に接するときに共感をしているか？」と、自分自身に尋ねてみましょう。おそらく、生徒とのやり取りの一つ一つに共感が必要であると考えたことはないでしょう。私は何年にもわたって、教師が生徒の脳に日々影響を与えていることについて説明してきました。そして、共感するときも含めて、常に自分自身の脳が一生懸命働いていることについても考えてきました。生徒の脳だけではなく、教師が自らの脳に働きかけていくことで真に共感できるようになります。

真に共感できるようになるためには、次のことを自問する必要があります。［参考文献115］

この生徒は何を感じているのか？――これを知るためには、生徒をよく観察し、生徒の思いや感情によく耳を傾けることです。身ぶりや声の調子、表情からも情報が得られるでしょう。さらに、その生徒の立場から何が起こっているのか知るために質問をしましょう。心を開いてアイコンタクトをとり、やさしく話しましょう。

自分もそのように感じたことがあるか？――その人が何を感じているのかが分かったら、同じように感じたときのことを考えてみましょう。年齢や性別、体験にかかわらず、人はみんな多様な経験から同じような感情を抱いたことがあります。その感情を思い出し、感じるようにしましょう。

自分がそのように感じたら、どのように対応してほしいか？――この質問から共感の黄金律が見えてきます。同じ経験をしたことがなくても、同じ状況にいることを想像してみましょう。親切に、ていねいに、大切に思いやりをもって他者に接すれば、心を開いて話すことができる信頼関係が生まれ、ゆくゆくは生徒が必要としていることに対して具体的な形でこたえられるだけの関係が築けます。

共感を示すことが必要な時間として、次のような状況を考えてみましょう。

まずは、その日初めてのアイコンタクトをするときです。

朝の挨拶でも、日中のやり取りでも、「調子はどうかな？」、「怒っているように見えるけど、何かあったの？」、「顔の痣《あざ》はどうしたのか？」などと質問しながら、生徒の心を読むようにしましょう。「みんな私と同じように（物事を）考えるべきではないのか？」という自己中心的な先入観に基づく思考パターン〔参考文献123〕から抜けだし、真に思いやりをもって接するときが共感する瞬間です（そこでは、五〇ページに掲載した**図２－１**の右縁上回《うえんじょうかい》が役割を果たすことを覚えておいてください）。

二つ目は、授業中に生徒と接する時間です。

授業中は、教師が自己中心的な考えから抜けだし、生徒に共感することがより難しくなります。というのも、教師は、時間を十分費やし、入念に計画した授業をしていると考えてしまうからです。そのため、授業の内容ややり方、教師の指示を生徒が理解できないとき、衝動的に「大きな声で、はっきりとゆっくり」と発言してしまうのです。しかし、この発言は、「私はあなたが理解できるように言ってあげている。苦労しているんだから、ちゃんと理解しなさい！」と考えている脳のサインとなります。

ここで共感する力を発揮し、「生徒は今どういう状況なのか？」を考えなくてはいけません。ジョン・ハッティ（四ページ参照）は、「学習者を中心にすえる教師の要素は四つある。それは、温かく、生徒から信用され、生徒に共感し、そして生徒とよい関係を築いている教師だ」［参考文献73］と述べています。教師は、生徒の視点から授業を見なければなりません。生徒の状況を理解することが、その生徒を支援することになるのです。

私自身の経験ですが、アキオが遅刻してきて課題を読んでいなかったときは、「どうなっているのか!?」と責めたい気持ちでいっぱいでした。しかし、そうしなくて正解でした。というのも、私が「アキオ、いつもは時間どおりに来て宿題もやってくるのに、今日は何かあったの？」と尋ねると、「はい、スプレンジャー先生。妹の服を洗濯するためにコインランドリーに行って、夜中まで起きていたんです。洗濯しないと今日妹が着ていく服がなかったので……。洗濯が終わるのを待っている間に課題を読もうとしたのですが、洗濯機の音が大きすぎて！」とアキオが答えたのです。

この答えを聞いて、私の対応は変わりました。何よりも先に、「医務室で少し寝てくるように」とアキオに言ったところ、彼は二時間も寝てしまったのです！

もちろん、これは極端な例です。よくあるのは生徒の学び方の好みに関するものです。生徒が教科について理解し、その価値を認め、そして熱中するためには、教師が異なる学び方を提供する必要があります。〔参考文献73〕

共感することが必要とされる三つ目は、不適切なふるまいが起きたときです。

このような状況では、懲罰的に対応するのではなく、共感と思いやりをもって対応する必要があります。スタンフォード大学の研究において、教師集団を二つのグループに分け、一方のグループには、「生徒が自制心を学ぶうえで、教師と生徒の関係の重要性」（共感的な考え方）について書くという課題が与えられ、他方のグループには、「クラスをコントロールするうえで、生徒を罰することの重要性」（懲罰的な考え方）について書くという課題が与えられました。

その結果、「教師が共感することの大切さ――不適切なふるまいが起きたときに生徒の立場を理解し、よい関係を維持すること――について表現する機会を設けることで、生徒と教師の関係が向上し、クラスの規律も改善することが分かりました」〔参考文献107〕。一方、懲罰的な考え方を刺激する課題を与えられた教師は、仮想の生徒に対してより厳しい対応をとりました。

第1章の人間関係の大切さと、共感することで生徒の行いが変えられることを鑑みると、生徒に共感することによって、より楽しいクラス、より充実した教師生活が思い描けるはずです。

三　一人ひとりの生徒に物語がある

共感は、教師が生徒とやり取りをするうえでとても大切で、人と人を結びつけるものです。時には、心の傷を抱えている生徒が教師に歩み寄ってきた場合、教師が何を言うのかによってその後の生徒の反応や行動が大きく変わってきます。教師が問題だとは思わないようなことについても、共感をもって対応する必要があるのです。

大人にとっては「一過性のもの」だと思える問題を抱えている生徒に対して、よく教師は「時間が解決してくれる」などと声をかけてしまいます。しかし、教師が生徒とのよい関係を維持し、生活態度から学業面に至るまで生徒の力になりたいと思うのであれば、そこにふさわしい言葉をかけることからはじめなくてはなりません。

私たちのかける言葉が、生徒との関係が築けるか否かの分かれ目となります。そして、一度壊

表2－1　共感を示すモデル

もし、生徒がこう言ってきたら	**不適切な言い方**	**より好ましい言い方**
理科の試験で落第点を取ってしまった。	どれくらい勉強したの？	それはがっかりだね。
昼食で友人が隣に座りたがらない。	私にも同じようなことがあったわ。	そんな嫌な思いをしなきゃいけないなんてつらいね。
親が離婚するんだ。	災い転じて福となる、だよ。	いろいろと苦しいことがあるね。
おじいちゃんがもうすぐ死んでしまうんだ。	命はめぐっていくものだよ。	それはとても悲しいね。
誰も私と友達になりたがらないんだ。	何かしたの？	それはつらいね。
父が逮捕され、収監されているんだ。	そこできっとお父さんも変わってくれるよ。	どんなに大変か想像できない。
犬を外に出したら、昨日家に帰ってこなかったんだ。	庭にフェンスは設置していないの？	ペットは家族だよね、それはとても心配だね。

れた関係を修復するためには時間がかかり、膨大な時間が奪われてしまうことをふまえておいてください。

生徒とのやり取りで、共感を示すモデルを生徒に示し続けてください。**表2－1**に示した事例を参考にして、まずは生徒の感情を受けとめて、その後の行動や解決策を生徒とともに考えることが大切です。

第3章

自己認識を育てる

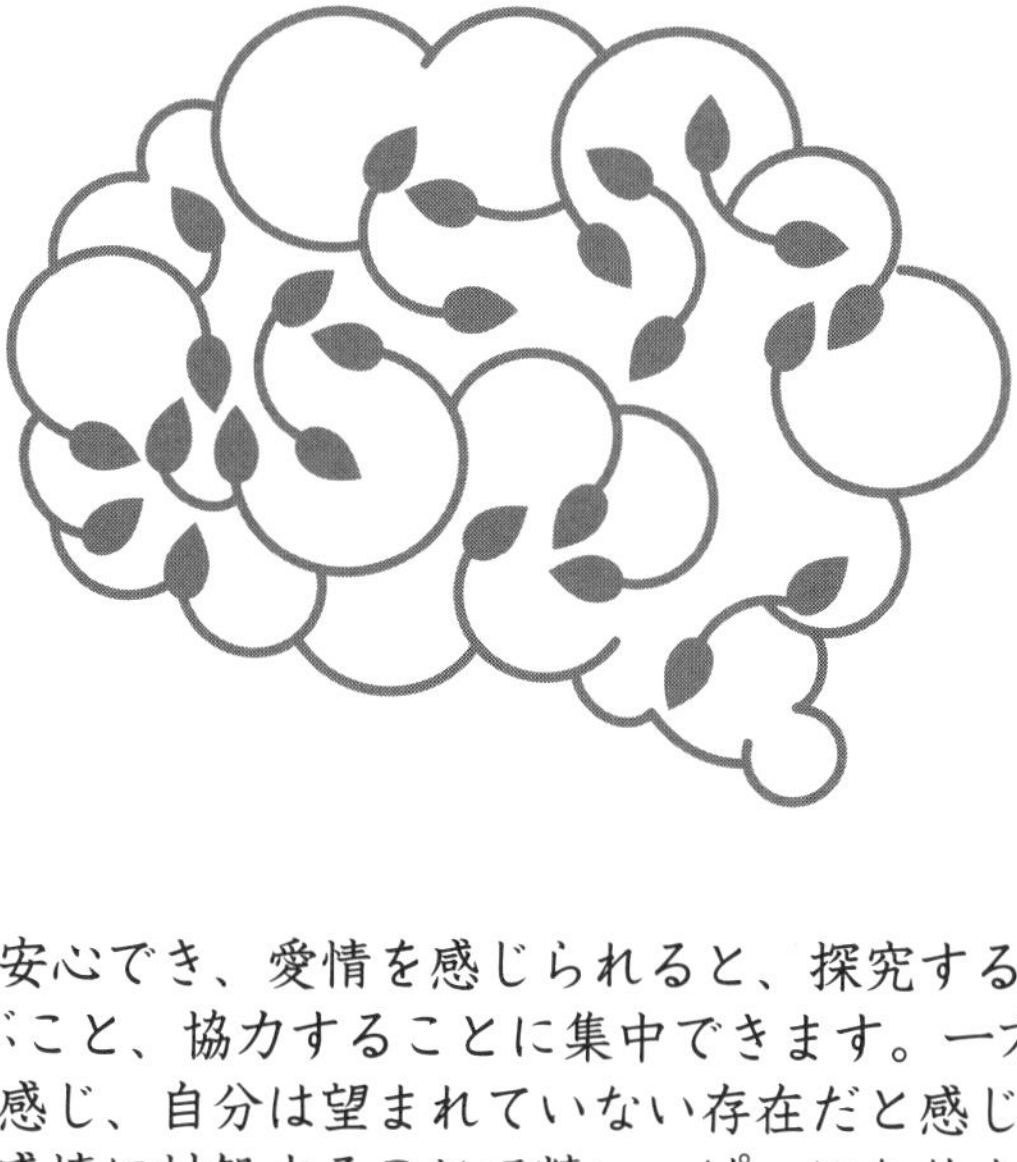

脳は、安心でき、愛情を感じられると、探究すること、
遊ぶこと、協力することに集中できます。一方、
恐怖を感じ、自分は望まれていない存在だと感じると、
その感情に対処することで精いっぱいになります。

（ベッセル・ヴァン・デア・コーク）*

（*）（Bessel van der Kolk）オランダの精神科医です。『身体はトラウマを記録する――脳・心・体のつながりと回復のための手法』（柴田裕之訳、紀伊國屋書店、2016年）の邦訳があります。

一卵性双生児の女性ジェーンとジョアンが同じく双子のロブとリッチと結婚し、幸せな生活を送っていました。四人とも安定した仕事に就いていました。ジェーンは会社の最高経営責任者に任命され、同僚や部下と同じように仕事第一の生活をし、理想的なキャリアをたどっていました。ジョアンも仕事が大好きでしたが、ジェーンのように競争意識は高くなく、使命感に突き動かされて働いているわけでもありませんでした。それでも、ジョアンは幸せな生活を送っていました。

偶然にも、ジェーンとジョアンは同じ時期に子どもを授かりました。二人ともその時期に子どもが欲しいと思っていたわけでも、母親になりたいと強く願っていたわけでもありません。しかし、さまざまなことでお互いに助けあい、乗り越えてきたので、これもまたよい機会だと思いました。

二人に、仕事仲間から妊娠祝いの品物が届きました。ジョアンは、赤ちゃんを迎えるために、それらのお祝いの品を子ども部屋に準備しましたが、ジェーンは、(お祝いの品を) 箱に入ったまままきれいに積み重ねるだけでした。

二人とも男の子を産みました。二人の男の子には同じDNAが流れています。ジェーンとロブは息子を「ジェイソン」と名づけ、ジョアンとリッチは「リッキー」と名づけました。この二組の夫婦が歩む道は、ここから大きく分かれました。

ジェーンは、あまりジェイソンに話しかけることがありませんでした。育児休暇をとらずに仕事に戻りたいと願っていたジェーンは、産後の休暇中でも家で仕事をしていました。ベビーベッドでジェイソンが泣きだしても、ジェーンは「私は赤ちゃんにふり回されないわ！」と言って、ジェイソンの様子を見に行きませんでした。また、ジェイソンが大きくなっていろいろなことに興味をもちはじめても、「あなたの質問は取るに足りないものだから、話しかけられたときにだけ話すように」と言い、電話中に邪魔をされるとジェイソンを叱っていました。

対照的に、ジョアンは赤ちゃんが中心の生活になりました。リッキーに微笑みかけ、散歩に連れていくときも、オムツを替えるときも、食事の用意をしているときもずっと話しかけていました。ジョアンはリッキーに歌いかけるのが大好きで、リッキーが一緒に歌おうとすることもありました。

三歳くらいになり、リッキーが質問をしだすと、ジョアンは「まあ、いい質問！　でも、私にもその質問の答えが分からないから、一緒に調べてみよう」とよく答えていました。そして、ジョアンが電話をしているときにリッキーが母親を必要としたら、「ママ、ちょっといいかな？」と尋ねることを教えました。

しばらくして、二人の男の子は学校に通いはじめました。年長のクラスは一学級で、とても早口で話す先生が担任でした。リッキーは豊かな言葉で話しかけられる環境で育ってきたので先生の話を理解することができ、一生懸命勉強に取り組みました。また、質問があるときには、ためらうことなく助けを求めていました。

一方、ジェイソンは、先生の言っていることが理解できずにいましたが、「くだらない」質問をするのを避け、ただ教室で何もせずに座っていました。先生はというと、教室でのジェイソンの不安や動揺に気がついていませんでした。

生徒たちは、カバンと教科書だけを持って教室に来るわけではありません。生徒一人ひとりが精神的・感情的・身体的に異なる状態で登校しており、学ぶことに対する準備や意欲も異なっています。

幼少期をどのように過ごしてきたかで、自分自身に対する感じ方が決まります。生徒にとっても教師にとってももどかしいのは、実際に生徒がどのように感じているのかが分からないことです。ジェイソンは無力感を覚え、恥をかきたくないと思っており、人とうまくかかわることができないと感じていました。親から、自分が感じていることは間違っていると言われてきたので、自らの感情に名前をつけることも表現することもできませんでした。

教室において生徒が何らかの問題行動を起こすときは、何かしらの感情が働いてその行動を起こさせています。よって、問題行動の原因となっている感情や気持ちを特定するためにサポートしていくことが必要となります。

感情は（私たちが気づかない場合にも）行動を決定づけるものであり、不適切な行動につながることもあります。さまざまな状況で自分自身の感情を認識し、感情を特定する力が「自己認識」と呼ばれるものです。この自己認識は、「あなたは悲しそうだね。お人形をなくしてしまってとてもがっかりしているね」などというように、第三者がその人の感情を認識し、表現するためのサポートをした結果、育まれるものです。

感情的な側面の指導には時間と労力がかかりますが、何を教えるにおいても必要なことです。残念ながら、すべての保護者がその力を備えているわけではありません。そのため、生徒と長い時間を過ごす教師は、生徒が自分の感情を認識し、コントロールできるように助けていく必要があります。自らの感情を生徒がコントロールできるようになると、他者の感情も認識できるようになります。

感情を正しく認識するためには、感情と言葉をきちんとつなげることが重要です。たとえば、大人も子どもも「ストレスを感じている」とよく言いますが、この場合のストレスという言葉には、不安、恐怖、プレッシャー、本当の意味でのストレスというように、いくつかの異なる感情が含まれています。

不安は、自分でコントロールできないと思う将来の不確実性に対する心配、恐怖は、危険に対するもの、プレッシャーは、外部の圧力から何かをうまくやらなければ「落ちこぼれ」と言われてしまうと感じる状態です。そして、本当の意味でのストレスは、これらの感情が組みあわさった心情で、自分に向けられた要求にプレッシャーを感じてしまって対応ができず、不安とともに恐れを感じている状態です〔参考文献16〕。感情を表現するとき、このように細かい感情が特定できると必要なサポートが得られやすくなります。

SELに関する研究、実践、政策提言を行う非営利団体の「CASEL：Collaborative for Academic, Social and Emotional Learning」は、自己認識に必要なものとして次のような力を挙げています。

感情を特定する――自己認識は、自分自身の感情を名づけ（言語化し）、分類することからはじまります。

自分を正しく認める――自分自身について客観的な見方をすることが必要で、周囲からのフィードバックと自分自身のふりかえりによって、自らについて客観的な見方ができるようになります。

自分の強みを認識する――自己認識を育むためには、一人ひとりに特有の強みと弱みを認識してもらい、強みを伸ばし、弱みに対応していくことが大切です。

自信をもつ――自分自身の強みを認識し、発揮できるようになると自信が育ちます。自信をもつことは、自己認識を強めるために不可欠です。

自己効力感を示す——自己効力感とは、自分は目標を達成できると信じられる状態です。自己効力感を得るには、成長マインドセット（一〇七〜一〇八ページを参照）が必要です。［参考文献28］

本章では、生徒が自分の感情についての自己認識を日々高められる方法を紹介していきます。

脳の中の自己認識

脳科学者は、八一ページの**図３－１**に示すように、前帯状皮質、後帯状皮質、内側前頭前皮質、島皮質、眼窩前頭皮質が自己認識に重要な役割を果たすと考えています。このことについて判明した要因の一つとして、慢性的なストレスやトラウマ(1)の経験がある人の場合、これらの領域の活動レベルがとても低くなっていることが挙げられます。

（1）心的外傷。大きな精神的ショックや感じた恐怖によってできた心の傷のことです。長い期間をかけてその出来事にとらわれてしまう状態を意味します。

精神学者のベッセル・ヴァン・デア・コーク（七三ページ参照）は、トラウマを抱えていない人の脳では、いわゆる「自己認識のモヒカン」（**図3－1**において点線の矢印で示されています）が活発に動いていることを発見し、著書のなかで以下のように述べています。［参考文献142］

脳の正中線構造は、目のすぐ上からはじまって脳の中心部を通り、後頭部につながっています。この正中線構造は、すべて私たちの自己感覚にかかわっています。脳の後頭部でもっとも広く、はっきりと見える領域は後帯状皮質で、人が自分のいる場所についての身体的な感覚を認識する、いわば体内ＧＰＳの役割を果たすところです。その後帯状皮質が、全体を俯瞰する役割を果たす内側前頭前皮質と強固につながっています。

そして、内側前頭前皮質は、体のほかの部位からの感覚情報を伝える領域と、内臓から感情中枢へと情報を伝達する島皮質につながっています。さらに、この島皮質が、感覚情報を統合する頭頂葉、感情と認知活動を連携する前帯状皮質へと続いています。［参考文献142、92～93ページ］

自己認識は、意識的に感情をつかさどる脳領域に到達するための唯一の手段です。自分に起きていることに注意を向けられる部位は「内側前頭前皮質」と呼ばれます。たとえば、私たちが怒

図３－１　脳の中の自己認識

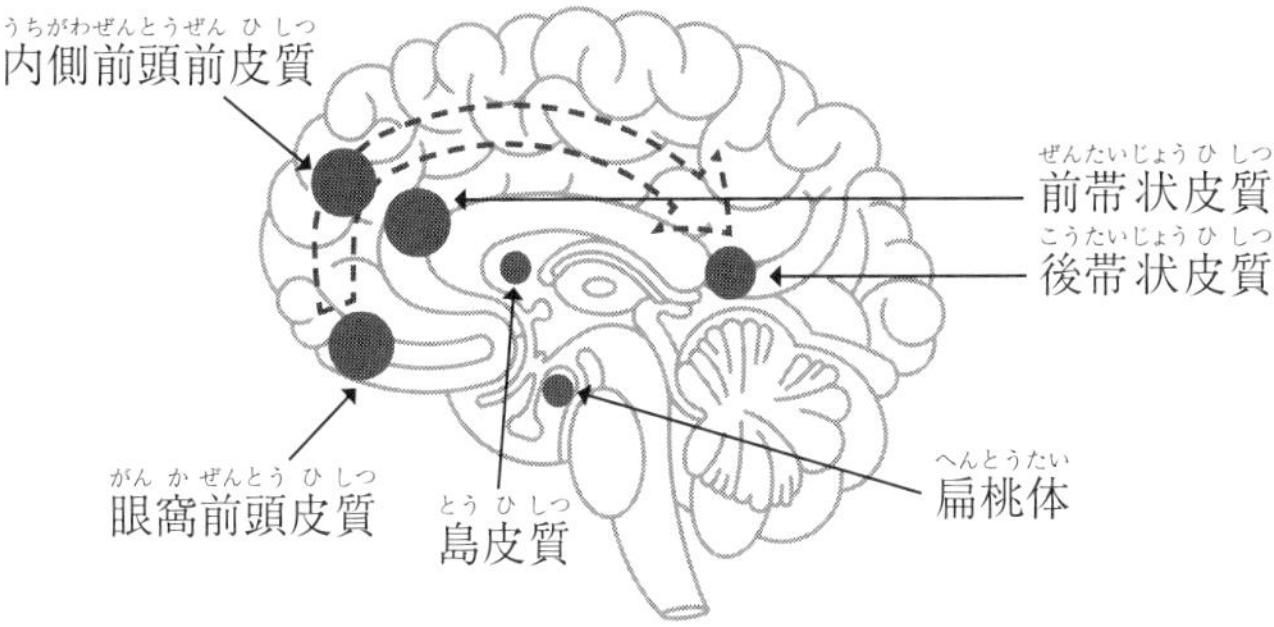

るとき、感情をつかさどる、小さく未発達な扁桃体が「感情的乗っ取り」を起こします。この時点で私たちの脳では、ストレスホルモンのコルチゾールが放出されるという反応が起き、体内を駆けめぐり、論理的思考を妨げてしまうことがあります。これによって闘争・逃走反応（戦うか逃げるか）が引き起こされ、後悔するような行動を取ってしまうことがあるのです。

ただし、自分が怒っていると分かっている場合、つまり感情を特定できる場合には、思考領域が非合理的な扁桃体から内側前頭前皮質に移り、どのように対応するべきかについて考えられるようになります。怒り、悲しみ、恐怖、そのほかさまざまな感情は脳の辺縁系《へんえんけい》で処理されますが、自分の感情に気づかない状態では、感情をコントロールする内側前頭前皮質のある前頭葉全体が介入できません。感情を統制するには、前頭葉が必要なのです。

また、内側前頭前皮質は二〇代半ばまで発達を続けることが分かっています。だからこそ、成長期に感情をコントロールするためのガイダンスが必要であり、前頭葉が未発達な生徒のために、大人が外部の内側前頭前皮質としての役割を果たし、危険な行為を防ぐようにしなければなりません。

では、自己認識にかかわる内側前頭前皮質は、どのようにすれば活性化できるのでしょうか？今この瞬間の気づきに集中するマインドフルネスの実践が、認知的、感情的な働きによい影響を与えることが分かっています。［参考文献5］

ヴァン・デア・コークによると、主体性（自分で責任をもち、自分の発言によって状況が変わると分かっていること、そして自分には環境や状況を変えられる力があると思っていること）を培うことができれば自己認識は高まるということです。また、自己認識を活性化させるために重要な伝達物質であるドーパミンの放出を促すことによって自己認識が高まるという研究もあります［参考文献81］。学校では、生徒を立ちあがらせるなどの動きを取り入れたり、プロジェクトや目標に取り組ませたりすることでドーパミンの放出が促せます。［参考文献105］

三 自己認識を教える

自己認識を教えるうえにおいて大切なのは、生徒が自分自身の感情に気づけるようにサポートすることです。生徒に、「あなたはこのように感じている」と伝えることに違和感を覚えるかもしれませんが、生徒自身が自らの感情に気づくためには必要なことです。

原因は分からなくとも、すべての人が悲しみを感じたことがあるでしょう。家族の墓地を通りすぎるときのように、意識されなくとも何らかのきっかけが理由で悲しみにつながることもあります。その悲しみにどのように向きあったらよいのか分からず、時間をかけて悲しみが蓄積し、あふれ出て、訳も分からないまま涙が出ることもあります。

本章では、生徒自身が何を感じているのかに気づき、その感情を特定し、対応するためのサポート方法を紹介していきます。

感情を表す言葉

脳には、基本的な感情に関する回路が備わっているという説［参考文献105、111］がある一方、「感情はつくられるもの」といった主張もあります。脳内には共通する神経回路がありますが、これらの回路のつながり方は、一人ひとりの経験によるものだといわれています［参考文献7］。それゆえ、怒りに関連する回路のつながりが強い生徒や、喜びに関する回路のつながりが強い生徒がいることになります。なかには、ほかの生徒にとっては取るに足らない状況に対して強い恐怖を感じてしまうといった生徒もいます。

感情を理解するには、まずは自分が感じていることを自分自身にも他者にも説明するための、感情を表す言葉が必要となります。**表3-1**に示したような、感情を表す言葉のリストを掲示しておけば役に立つでしょう。

このリストを参考にしながら、国語の授業であれば小説の登場人物、社会科であれば（歴史的でも現在の人でも）実在した人物、理科であれば発明家や科学者らが経験した気持ちについて詳しく記述するという課題を通じて、生徒の感情に関する言葉を増やすためのサポートが可能となります(2)。

生徒は、うれしい、悲しい、怒っている、困っている、心配しているなど、基本的な「気持ち」を表す言葉をよく使います。**表3-1**に示したような感情に関するさまざまな言葉を使うことで、より正確な気持ちが表現できるようになるでしょう。自分がどのように感じているのかが表現でき、人に伝えるための言葉を知れば知るほど自分自身を知り、人に共感することができるようになります。

感情を特定して言い表すことが、その感情への対応を理解するための第一歩です。また、感情を言い表すことで内側前頭前皮質が活性化されると同時に扁桃体の活動が下がり、感情のコントロールがしやすくなります。［参考文献16］

表3－1　感情を表す言葉の一覧　(例)

恐れ	喜び	悲しみ	怒り	嫌悪
・不安 ・危機感を抱く ・警戒する ・心配する ・危惧する ・心細い ・動揺している ・不信感を抱く ・おびえる ・恐怖におののく ・おじけづく／気後れする ・用心深い ・びくびくする ・緊張する ・身がすくむ ・茫然自失になる ・戦慄する ・震える／ギョッとする ・当惑する	・満ち足りた ・この上なく幸せな ・落ちついた ・陽気な ・満足した ・喜ぶ ・有頂天になる ・大喜びする ・元気づけられる ・やる気になる ・熱中した ・ワクワクした ・心地よい ・うれしい ・希望に満ちた ・楽しい ・歓喜に沸いた ・明るい ・元気いっぱいな ・平穏な ・晴れ晴れした ニコニコした ・感動した	・苦しい ・意気消沈した／しょげた ・落ち込んだ ・元気のない／落胆する／失望した ・気を落とす ・疲弊した ・憂鬱な／ふさぎこんだ ・胸が張り裂けるような／悲しみに打ちひしがれた ・もの悲しい／寂しげな ・陰気な／悲しい ・悲観的な ・惨めな／不満な ・メソメソする	・腹が立つ ・イライラする ・愕然とする ・冷たい ・軽薄な ・機嫌が悪い ・意地悪な ・グズグズする ・批判的な ・つっけんどんになる ・孤立した ・不快な ・憤慨する ・不満な ・失望した ・逆上する ・激怒する ・敵意をもつ／反感を抱く ・傷ついた ・むしゃくしゃする ・発狂する ・頭に来る ・気分を害した／気を悪くする ・がなり立てる ・ひどく嫌がる ・神経をとがらせる ・憤る／煮えくり返る ・侮辱されたように感じる ・ないがしろにされたように感じる ・復讐心に燃える	・あきれる ・うんざりする ・吐気がする ・嫌悪感を抱く ・ゾッとする ・むかつく ・ショックを受ける ・辟易する

挨拶

第1章では、生徒との関係を築くための方法として挨拶を取り上げましたが、挨拶は自己認識に働きかけるための方法としても効果的です。挨拶を通じて人間関係が深まるばかりでなく、生徒がどのように感じているのかを探ることができます。

家やレストランに入るとき、たいていは挨拶をしてくれる人がいて、明るい気分にさせてくれます。しかし、挨拶をし、話しかけ、質問に答えてくれる人が家にいないという生徒もたくさんいます。貧困や離婚の問題、トラウマを経験しているなど、安心できない家庭で過ごしている生徒には安らぎを感じられる場が必要です。「家」に代わる最善の場は「学校」です。学校や教室に入るときの挨拶を通じて、生徒は初めて、学校やクラスの一員であるという帰属意識を感じることもあるでしょう。

自らの感情に気づき、理解することが自己認識です。誰かを知るためには、その人のために時間を割き、話を聞く必要があります。そうしてこそ、生徒は自分に価値があると感じられるのです。教師がこのような認識をもてば、生徒がどのように感じているのかについて意識し、理解を深めていくことができます。なかには、トラウマのために感情を自分自身から切り離してしまっている生徒もいます。この感情の分離は脳の生存本能から生じるものですが、感情だけでなく、身体の感覚まで感じられなくなってしまう場合もあります。

自分が歓迎されていて、気にかけられていると生徒が感じられるような学校での挨拶の方法が二つあります。教職員全員による挨拶と、担任が一日のはじまりに教室の入り口に立って（教科ごとの教室であれば、それぞれの授業のはじまりに入り口に立って）、生徒一人ひとりに対して行う挨拶です。

教職員全員による挨拶とは、校長から学校用務員、カフェテリアの職員、教員、司書など、校内にいるすべての大人が生徒に挨拶することです。学校が家庭としての役割を担うには、お互いに笑顔で挨拶をし、顔を合わせたことを喜び、生徒がよい一日を迎えられたと思えるようにする必要があります。

授業開始時に生徒の名前を呼び、前向きな発言をすることで、授業への参加率が二七パーセント向上することが研究で示されています［参考文献1］。教室の入り口で生徒に挨拶をしながら迎え入れることは、学習や課題に対する生徒の集中度を高め［参考文献2］、生徒との信頼関係づくりにつながります。

新年度に注意すべきことは、宿題や学習の確認から授業をはじめないようにすることです。「昨

（2）翻訳協力者から、「感情を表す言葉の一覧を使って、多様な視点で感情を考え、その感覚を高めることで学習能力も高めていけるような循環環境をつくりたいと思っています」というコメントが届きました。

夜読んだ本はよかったかな？」、「プロジェクトを見るのを楽しみにしているよ！ どう考えたか早く聞かせてほしいな！」、「今日の授業は本当に面白くなるわ。あなたたちもきっと気に入るよ！」と言って授業をはじめようと考えてしまうでしょうが、このようなおしゃべりは、新年度から数週間ほど経ち、生徒の性格や能力を把握してからのほうがいいでしょう。

本を読んでいなかったり、プロジェクトに取り組んでいなかったりする場合に生徒が不安やストレスを感じてしまうような発言は避けるべきです。このようなときには、「昨晩に本を読み終えていなくても、グループで話を要約しあって理解を深められるようにするので安心してください」と伝えて、生徒を落ちつかせましょう。

感情（を特定するための）チェックイン⑶

教室の入り口で挨拶をするときには、個人的な気持ちを垣間見る余裕がないかもしれません。別の時間を設けて、一人ひとりの生徒がどのように感じているのかを確認することで、生徒自身も自らの状態に気づきやすくなります。

朝の会で時間に余裕がある場合は、そのときにチェックインしたり、サークルタイムで順番に発言してもらったりするとよいでしょう。生徒が不安にならずに答えられる方法の例として、次のような話しかけ方を挙げておきます。

・あなたにとって昨日はどんな一日だったのか、五つの単語で述べてください。
・「先週で一番よいニュースは○○○でした」という形で紹介してもらう。
・「私が小さかったころは○○○になりたいと思っていた」という形で紹介してもらう。
・クラスメイトが知らない、あなたの得意なことを挙げてもらう。
・「次に会うときには○○○をしましょう」という形でやりたいことを挙げてもらう。
・「○○○の前にやり遂げたいことは何ですか？」と尋ねる。
・「今日は、○時間目の初めの一○分間での主な課題は何でしたか？」と尋ねる。
・「隣の家の人が、あなたについて二言で表現するとしたら何と言うでしょうか？」と尋ねる。

一言チェックイン――生徒が美術のプロジェクトや数学の課題、作文などに取り組んでいるときに一つの質問を黒板に書いて、その答えを一言で紙に書いたり、教室内を回るときに口頭で短く述べてもらうようにします。たとえば、次のように声をかけます。

・今、どのように感じていますか？
・つらいときにはどうしますか？（やっかいな状況に陥ったらどうしますか？）

（３）　簡単に確認することです。

・今、人生についてどのように感じていますか？（人生の代わりに、友人、家族、人間関係、学校について尋ねるのもよいでしょう。生徒についてよく分かっているのは教師なので、状況に応じてふさわしいと思えるものを尋ねましょう）
・クラスについてどのように感じていますか？（書いたものを提出しない場合には、何を書いているか見て回りましょう）

インサイド・ヘッド――アカデミー賞の「長編アニメーション賞」を受賞した『インサイド・ヘッド』（ディズニー／ピクサー制作、二〇一五年）という映画は子ども向けのものだと思われていますが、私は大人のための映画だと思っています。

作品における舞台の大半は、一一歳の女の子「ライリー」の頭の中です。ライリーの頭の中の重要な五つの感情（喜び、悲しみ、怒り、恐怖、いら立ち）に注目し、それぞれの感情を示す五人のキャラクターたち（ヨロコビ、カナシミ、イカリ、ビビリ、ムカムカ）が、ライリーの人生における浮き沈みを乗り切るためにサポートする話が描かれています。学年の初めにこの映画を観せて、生徒がいつも感じている気持ちについて話し合うことができます。

キャラクターたちの色（ヨロコビは黄色、カナシミは青、イカリは赤、ビビリは紫、ムカムカは緑）を使って、小中高生が感情を認識できるようにしました。なかには、生徒の机にそれぞれの感情を表す図を備えて、定期的に自分の感情をメモできるようにしたり、ポスターを掲示して自分の感情を確認し、特定できるようにしたこともあります。感情を表す言葉と同じく、文学作品（物語）の登場人物や政治的なリーダー、歴史上の人物などの感情についても話し合いに組み入れていくとよいでしょう。

出口チケット――授業の終わりに「どのように感じていますか？」や「あなたにとって新しいことは何ですか？」、「先生に話したいこと、伝えたいことは何ですか？」などの質問をすると、授業に参加して楽しそうにしているように見えても、実際は悲しみや退屈、混乱を感じている生徒がいると分かったそうです。

授業終了の前、数週間にわたって生徒一人ひとりの感情を確認するようにすると、教師は以前よりもずっと生徒のことが分かるようになりました。事実、何名かの生徒が、「毎日、教師が生徒の状況を確認し、自分がどのように感じているのかを伝えられるところが気に入っている」と述べています。［参考文献54］

出席表を使った工夫――私が訪ねた小中学校では、感情のチェックインに出席表を利用していたところがありました。教室に入るとき、自分の名前が書かれたマグネットを取って生徒が教師にわたし、出席をとることがあります。このとき、生徒の感情を知るためには、名前の代わりに絵文字や『インサイド・ヘッド』のキャラクターのついたマグネットを使えば、一人ひとりの生徒、総じてクラス全体の感情指標を知ることができます。

これは、多くの生徒に影響のある出来事が学校の内外で起きた場合にとても効果的な方法といえます。たとえば、自動車事故で六年生の生徒が亡くなったときには、悲しみや怒りの絵文字が並ぶことが何日も続き、クラスメイトが授業にきちんと取り組めるようになるまでかなりの時間を要しました。また、仲のよかった友人には細心の注意を払い、生徒がカウンセリングを受けられるように、何名かの保護者との面談も設けました。

さらに、始業前のスクールバスや校庭で生じる問題も、教室での生徒の集中力に影響を及ぼします。どんな問題でも早期の発見が素早い解決につながり、生徒が残りの一日を有意義に過ごせるようにしなければなりません。

大切なのは、すべての教師が生徒の感情に関心があると知ってもらうことです。体育館の壁に、すべての生徒が届く高さにカラフルな正方形や円形の色画用紙を貼って、体育の授業中に走るとき（スキップするときや歩くとき）、生徒自身の感情を表す色に触ってもらうようにしたという事例もあります。

座席指定――「指定席があることで、自分はそこにいるべきであり、居場所があると感じられます」［参考文献128］

座席を指定していると生徒の出欠状態が簡単に分かるとともに、教室に入ったときに自分の居場所がはっきりとしています（どこに行けばよいかが分かっていると生徒は安心できます）。第

6章で紹介する「チーム」の練習を取り入れれば、生徒一人ひとりがグループに「所属する」ことができます。

座席表を見返して、誰かが欠席のときには「キャシーがいませんね。病気なのかどうか、誰か知っている人はいませんか？」、あるいは「キャシーの体調は少し回復したのでしょうか？」のように、クラス全体に話しかけるようにしましょう。そうすることで、自分がいなければ教師は気にかけて淋しいと思ってもらえると生徒は感じます。出席していても欠席していても、生徒一人ひとりについて確認する必要があります。

オンラインでの確認——本書の執筆時、新型コロナウイルスの影響でこれまで遭遇したことのないような状況に直面しました。外出禁止令やステイホームの要請は、世界中の人々に影響を与えました。教師は、初めてオンラインで教えることになり、生徒のストレスは高まりました。生徒は新しいオンラインでの学びにどれくらい真剣に取り組むべきかと考えあぐねています。もっとも安全な場所だと思える学校に通えないため、打ちのめされている生徒もいます。生徒たちは、授業だけでなく余暇においても、長い時間モニターに向かって過ごしています。

このような危機下においては、生徒の様子を確認する際に新たな必要性が生じてきます。異常事態であっても、教師が気にかけているという事実を生徒に知ってもらう必要があります。危機的な状況でも、教師が生徒との結びつきを強め、やり取りをするためのさまざまな方法がメディアで紹介されています。

「あなたと会えずに淋しい、あなたのことを考えている」と伝えるボードを自動車につけて生徒の家の周りを走ったり、距離を保ちながら挨拶をしたり、週に一度は一対一のビデオ通話をして気にかけていることを生徒に伝え、感じている様子を尋ねたりすることができます。どのような状況であっても、生徒の様子を確認する方法を教師は考えなくてはいけません。

ジャーナル④

生徒が自分の感情についてジャーナルを書くという提案に対して、八年生の国語教師は「私の授業では、ジャーナルを取りだして感情について書く時間はありません」、そして一〇年生の数学教師は、「カリキュラムを教えるのに精いっぱいで、感情について考える余裕はまったくありませんと言いました。

ここで認識すべきことは、「**感情なしに学びはない**」ということです。生徒が自らの感情を認識し、感情に対処するスキルを身につけることで、初めて学びに集中できるようになります。「教師が感情の重要性を十分に理解していないということは、学びのカギとなるパワーについて分かっていないということです。それはつまり、生徒は学ぶ意義を認識できないということを意味します」［参考文献77、40ページ］

ジャーナルを書くことは自己認識を向上させるよい方法であるため、カリキュラムと結びつける形で実践すべきだ、と提案されています［参考文献5］。たとえば生徒は、国語の授業に登場した好きな人物の生活をジャーナルに書いたり、歴史の授業において、ある時代に生きていた人の生活を「歴史ジャーナル」に書いたり、理科の授業において、実験記録の代わりに「科学者ジャーナル」を書いたりするというのもよいでしょう。書くことには、学びの当事者意識を高めるといった効果も期待できます。

自らの感情についてジャーナルを書くためのきっかけが必要であれば、朝の会に生徒のチェックインで挙げた「問いかけ」（八九ページ参照）を試してみてもよいでしょう。学習内容を反映させ、登場人物の言動について思っていることを尋ねるなど、学びに個人的な感情を加えるようにするとさらによいでしょう。数学の授業では、ある定理についての有用性、もしくは非有用性についてジャーナルに書くことを授業に取り入れたという教師もいます。

手書きのジャーナルには、SELへの効果に加えて、認知的能力を向上させる力があります。手書きでノートをとるという行為は、キーボードを使った場合よりも脳が多くの領域において活

(4)　板書や教師の言ったことをメモするノートとは違って、生徒が自分の考えや感じたこと、疑問・質問などを記録しておくものです。教師やクラスメイトの投げかけに応じて、テーマに基づいて書くといった方法もあります。『国語の未来は「本づくり」』では「思考ノート」という名称で実践されています。

性化することが分かっていますので、生徒自身の学びについてより深く考えるためのきっかけづくりとなります。［参考文献101］

さらに、紙に書くことで記憶を定着させるという効果もあります。別の本で紹介した方法では、生徒に何も書かれていない紙を一枚配り、学習内容ついて覚えていることを何でも書いてもらうことでより多くの内容が記憶に定着し、情報を読んだり、選択問題を解かせたりするよりも有効であったことが分かっています。［参考文献130］

また、あるブログ記事によると、ジャーナルを書くことは人のふるまいや精神状態に次のような効果があると指摘されています。(5)［参考文献134］

・一歩引いて、自分の考え、感情、ふるまいをふりかえることができる。
・課題の解決方法を探ることができる。
・自らの感情や意欲を、確固たる自分の価値観と照らしあわせられる。
・負のエネルギーを前向きな創造性や成長に転換できる。
・人への感情的な反応を抑えることができる。
・生活の一部である不確実性、予測不能なことや葛藤に対する許容範囲が広くなる。
・自分自身とともに、ほかの人の立場に立って考えることができる。
・人間味を味わうことができる。

・計画的な行動ができる。

グランドスラム四大会連続優勝を達成したプロテニスプレーヤーのセリーナ・ウィリアムスは、「ジャーナルに自分の感情を記録することで、行き詰まりのもととなる後ろ向きな考えや感情から逃れることができる」と語っています（www.Writing athletes.com/whats-an-athletes-journal.html）。セリーナ・ウィリアムスの写真とともにこの文章を教室に貼りだせば、生徒がジャーナルに取り組むきっかけになるかもしれません。また、生徒の好きな著名人の感情に関する言葉を尋ねてみるというのもいいでしょう。

絵を描く

自分に対してどのように感じているのかを探るためには、芸術、とくに自画像を描くのが効果的です。これは、あまり授業時間を割かなくても行える活動です。

これまでに、小学生から高校生までを対象として、ＳＥＬに芸術を取り入れたことで「功を奏

（５）　これらはすべて、板書を写すのみという従来のノートをとる作業では達成不可能な項目ばかりです。ジャーナルを取り入れることは生徒の学びに大いに貢献します。

した」事例があります。読書課題を出すときに、課題についてどのように感じているのかを表す自らの絵を描くように言いました（線だけで描く生徒もいますが、それでもかまいません）。すると生徒は、グループになって、読んだ内容についてそのように感じた理由を話し合いました。

この活動によって、生徒に関するさまざまなことが分かりました。また、教師は授業の内容とともに、EQとSQを生徒に教えているという事実が身に染みて分かります。この活動は、個人的なことにまつわるものではなく、生徒が他者の感じ方と照らしあわせながら自らの感情について考えるための出発点となります。「学習内容や授業について表情で表現するように」と言って、もし生徒に混乱した表情が見られたら、それは教師の説明不足であるということになります。

生徒の個人的な反応や感情についてではなく、内容に関連した絵を描かせても生徒の感情が明らかになります。先に述べたように「感情」は学びの一部であり、多くの生徒は絵を描くことが好きなので、生徒にとっても二重のメリットがあるでしょう。ライティング（作文）や演劇、ダンスや音楽と同じように、生徒自身が考えていることについて絵で表現できる選択肢を与えることで、学習内容と学びが自らの感情に及ぼす影響を表現できる機会が得られます(6)。

時間を取る

大人も子どもと同じように何もせず、今、自分は何を感じているのかについて考える必要があります。時には、突如として動揺して、どうしようもないと思うものの、その理由が分からないことがあります。そんなときには、とりあえずすべてを停止して、何かに対して悲しい、怒っている、イライラしていると気づく前の「気持ちを感じる」必要があります。そうすることで初めて、その感情の原因を突き止め、対応できるようになります。また、前向きな感情として「喜び」がありますが、自分の体と心に喜びを味わうだけの機会をとっていない場合があるものです。「頭の休息時間」、「感情のための休憩時間」、単に「休息」など、どのような呼び方であっても、必要に応じて一人ひとりの生徒やグループ、クラス全体で取り入れることができます。気がかりな状態の生徒がいたら「休憩をとるように」と言い、数分後に「何かサポートできることはある？」と尋ねましょう。この取り組みを、「立ち止まり－感じ－解決するための休憩」と呼んでいる教師もいます。

「先生に……を知っていてほしい」

教師が生徒を知れば知るほど、教室における生徒のニーズが満たせるようになります。ある三

（６）芸術的な活動と作文が並列されていることに違和感を覚える読者がいるかもしれませんが、それは学校で行われている「書く指導（国語）」がおかしいからかもしれません。『作家の時間』、『国語の未来は「本づくり」』、『イン・ザ・ミドル』などを参照してください。これまでとは異なる、書く指導観が得られます。

年生の教師が、単純な方法でこれを実現してみせました。

生徒に「先生に……を知っていてほしい」という文章を完成してもらったところ、予想以上のことが分かりました。生徒の答えは次のようなものでした。

「家族で避難所に生活していることを知っていてほしい」
「今年、私のお父さんが死んだことを知っていてほしい」
「孤独で、同級生との間に疎外感を覚えていることを知っていてほしい」
「今週、私のお母さんが癌の診断を受けるかもしれないことを知っていてほしい」
「音楽を聴きながらのほうが勉強しやすいことを知っていてほしい」
「家族が大好きだということを知っていてほしい」

このことから、生徒の置かれている環境や感じていることがいかに学びに影響しているのかということ、そして、それをきちんと聴くことの大切さが分かります。(7)［参考文献119］

体の声を聴く

感情は、体の内部で起きていることと密接に関係しています。体が何を言っているのかを「聴く」ようにすれば、自らの感情に気づける生徒もいるでしょう。脈拍が速くないか？　手のひらに汗をかいていないか？　体を動かしたいと感じるか？　といったように、自分がどのように感じているのかについて知ることが、その理由を知るための第一歩となります。

「感じていること（もしくは、していること）が間違っている」と言われてきた生徒は、感情を抑えるようになり、自分自身のことが信じられなくなってしまいます。そのような生徒は、すべての人に備わっている直感／第六感や予測を他人に見せないようにしてしまうのです。実際、生徒の感情は体からの警告であり、追い払おうとすればするほど自らに差し迫ってくるのです。［参考文献142］

生徒が自らの体にきちんと向きあわなければ、その後のステップである「自分で自分を調整する」ことはできません。「Alexithymia《アレキシサイミア》（無感情症）」とは「感情を表す言葉がない」という意味ですが(8)、この無感情症の人は感情を体の問題だと見なす傾向があります。自分の感情と身体的感覚がつながられず、怒りや悲しみを感じる代わりに腹痛や筋肉痛などといった症状が出ることが

（7）　この実践者が日本で話した動画がQRコードで見られます。

（8）　一九七〇年代、精神科医のピーター・E・シフネオス（Peter E. Sifneos）らによって提唱された概念で、ギリシャ語の「a（非）、lexis（言葉）、thymos（感情）」からつくられた造語です。自らの感情を自覚、認知したり表現することが不得意で、想像力、空想力に欠ける傾向のことを指します。

あります。これは、自分がどのように感じているのか分からず、その感情から逃れようとするために起こる現象です。

トラウマや保護者の間違った教えによって、自分自身の感情と体が切り離されてしまった生徒は、自らの感情を表現する術《すべ》が分かりません。

あるとき、両親と複数のきょうだいと暮らす中流家庭の生徒に出会いました。この生徒は、家庭の雰囲気を壊すという理由で「感情を表現しないように」と言われてきたので、自らの感情を感じることができなくなっていました。幼いころには両親から「絶対に泣かないように」と言われ、泣きはじめたら叱られていました。その例として、五歳のころに母親と病院に行ったときの話をしてくれました。

彼女は、「就学前の予防接種をする」と看護師から聞いて泣きはじめました。母親は、軽蔑したまなざしで彼女を見て、「泣くな！　泣いたら置いていくよ」と言いました。母親の言葉が恐怖となり、彼女は涙をこらえました。[9]

強みと弱みを見極める

自分の強みが分かっている生徒は、それを足場に成長していくことができます。自分が得意とするものに一生懸命取り組んでいくことで自信がつきます。生徒との関係を築くためには、第1

章で取り上げた「２×10」の方法が使えます（「週末にスポーツの試合を観ましたか？」、「○○チームと戦ってみたいと思いますか？」などと尋ねるのもよいでしょう）。

脳科学の研究によると、スキルや概念を学ぶときには段階をたどることが分かっています［参考文献130］。生徒が、得意なことや、どのようにして得意になったのか、どのような段階を踏んだのかについて書くのもいいでしょう。そして、自分が苦手なことについて、どのようにしたらできるようになると思うかについて書くのもいいでしょう。生徒が書いたものから、苦手なことに取り組む段階において、得意なことについて書いたものと比べて見過ごしている段階があるかなど、生徒がふりかえる機会を設けるといいでしょう。

「パーソナル・ブランディング」(10)とは、自分自身の価値について意識するために個人が行うことです。生徒が、好きなブランド製品のよさについて、ほかの生徒にインタビューをしたり、ソーシャルメディアや研究結果を用いたりして考えます。そして、自分自身をブランド化して売りだすために、個人のブランドについて考えるようにします。

その過程で、ジャーナルを通じて、「誰に刺激を受けますか？」、「どんなところに刺激を受け

---

(9)　このような場合、「怖いよね、これで病気になりにくくなるから少し我慢しようね」などと感情を受けとめ、言葉で伝えていく必要があります。
(10)　企業や製品の「ブランド」と言えば分かりやすいでしょう。それを個人レベルに落とし込んだものです。

るのですか?」、「得意なことは何ですか?」、「自分の秀でていること、もしくは秀でられそうなものは何ですか?」などといった簡単な質問について考えさせるというのも一案です。

また、自分のことを他者からどのように見てほしいのかを描いたコマーシャルをつくったり、それをソーシャルメディアに投稿したりするといった取り組みもいいでしょう。さらに、自分の強み、性格や興味を紹介するブログ投稿やウェブサイトをつくるというのも効果的です〔参考文献19〕。ソーシャルメディアを通じて、同じ興味をもつ生徒や専門家とつながりをもつことができます。

自信をつける

ここまでに述べたことを踏まえて自己認識が築けたら（自分の感情や強み、価値観を理解できたら）、次の段階では、生徒が自信をつけられるようにサポートします。そのためには、次の四つが大切になります。

ほめる——適切なときに、個人的にも公の場でも生徒をほめるようにしましょう。肯定的な発言をすることによって、生徒にやり遂げたことについて肯定的な気持ちを抱かせます。さらに、必要に応じて改善すべき点を観察して明らかにし、個人的に伝える必要があります。

選択肢を与える――生徒は、選択肢が与えられ、授業内容やプロジェクト、最終的な成果物について自分のニーズや希望が聞いてもらえると思えると、自分自身に対して肯定的になって、当事者意識がもてるようになります(11)。

機会を与える――生徒が自分の強みを発揮できる機会をつくりましょう。生徒の得意なことについて尋ねたり、得意分野においてほかの人を手伝うようにと依頼してみましょう。

フィードバックをする――すぐに役に立つフィードバックをするように、常に心がけましょう。未来の学びに反映されなければフィードバックは役に立ちません。生徒の学びに役立つ「未来に向けた」解決策である「フィードフォワード」を提示し、よい学びの循環を築くようにしましょう(12)。［参考文献20］

---

(11)　選択肢を提供することに関しては、『教育のプロがすすめる選択する学び』、『ようこそ、一人ひとりをいかす教室へ』、『あなたの授業が子どもと世界を変える』、『プロジェクト学習とは』、『国語の未来は「本づくり」』などがおすすめです。

(12)　たとえば、生徒が作文の最後に書く文章で悩んでいたとします。「その文章では、いまいち読者に響かないね」というのが単なる（役に立たない）フィードバックだとしたら、「考えられる最後の文章を二つ、三つと書いてみて、そのなかから選んでみたらどうかな」というのが、具体的なアクションにつながる「フィードフォワード」の例となります。

自己効力感を高める

自己効力感とは、自分は成功できる・やればできると信じられること、そして自分には何かを変える力があり、設定した目標を達成する力があると感じられる感覚です。この自己効力感を高めるためには、①脳の仕組みについて教えること、②成長マインドセットを育むこと、の二つが大切となります。

①なぜ、脳の仕組みについて教えるのか?――ある事柄について、その理由や仕組みが分かっていると、その事柄がより記憶に残り、信じられるようになります。とりわけ、自分の脳がどのように機能し、どのように変化する可能性があるのかについて理解すると、学校でうまく学んでいくために、生徒自身が影響を及ぼすことができると信じられるようになります。

まず、新しいことを学び、既存知識を深めるときに自分の脳が変化を続けていることを理解する必要があります。脳を刺激し、成長の機会を与えるのが教師であり、教師は「生徒自身が脳を育てている」と教室で伝えていかなければなりません。

新しいことを学ぶとき、生徒の脳は変化を続けています。復習し、繰り返し、学びをふりかえるときには、脳の中で新しい回路をつくり、すでにある回路とつなぎあわせ、そのつながりを強くしていきます。また、生徒が本を読み、新しい言葉を覚えると、その言葉に関する回路が生まれます。その新しい言葉を使って、自分の考えや経験をふりかえりながら作文を書けばほかの回路とのつながりができ、言葉をどんどん使っていくことで新たなつながりや既存のつながりが強くなります。生徒自らが、脳の「司令塔」は自分自身であると学ぶことが大切なのです。

②成長マインドセットとは何か、そしてなぜ重要なのか？——学校でうまくやっていくための才能は生まれながらにあるものだ、と生徒が考えているならば、その生徒は学びについて「固定マインドセット」をもっていることになります。一方、一生懸命に取り組めば誰でも学ぶことができると考えるのが「成長マインドセット」です。成長マインドセットをもつ生徒は、固定マインドセットの生徒よりも現実においてうまくやっていけます。［参考文献46］

脳は筋肉と同じように鍛えることができると教えれば、成長マインドセットの背景にある考えが理解しやすくなります。ジムで運動すれば筋肉が強くなるように、学習して課題を解決していけばいくほど、脳はより簡単に学び、課題の解決ができるようになります。

成長マインドセットを追求するためには、物語を使うことがどの学年においても効果的といえます。中学生にも、メアリー・ホフマン（Mary Hoffman）の『アメージング・グレース（Amazing Grace）[13]』という絵本が効果的です。

時には、自分の強みをどのように活かせるのかについて考えることなく目標を立ててしまい、うまくいかないために諦めたくなってしまうことがあります。そのようなときは、成長するための手段として、自分の強みに注意を向けさせる必要があります。そして、「まだそのレベルには達していないね。きっと、できるようになるよ」というように、「まだ」という言葉の力を忘れないようにしてください。また、生徒のマインドセットに着目して、次のような簡単なアンケートをとるというのも役に立つかもしれません。

・あなたは、物事をすぐに諦めるほうですか？　簡単に諦めないように自分自身が変わるために、どのようなことができますか？
・あなたは、難しい課題に直面したときにやり通すことができますか？
・あなたは、目標を達成するために、何をすべきかについて考えられる自信がどれくらいありますか？

成長マインドセットをもてるように取り組むことは、生徒が感情を理解するうえにおいても効果的です。生徒が感情を認識できるようになれば、感情を言語化する力、感情が生じる要因を特定する力、感情が自分の行動にどのような影響を与えているのかを分析する力、自分の感情がほかの人にどのような影響を及ぼしているのかを見極める力などを育てていくことができます。

三　一人ひとりの生徒に物語がある

「自己認識ができるようになると、日々の人間関係と幸福度によい影響がある」と言っているのは、感情の力について研究している大学教授です。〔参考文献66〕

自分の感情を言い表せないという状態は、とてもイライラします。教師は、感情的な側面をどれくらい自己認識できるかについて、生徒一人ひとり異なっているという事実を頭に入れておかなくてはいけません。生徒の自己認識の向上をサポートしていくためには、生徒の発言に適切な対応をとる必要があります。大人がより共感をもって対応することで、生徒は自分の感情を認め、受け入れやすくなります。次ページの**表3－2**は、想定される生徒の発言と、それに対する望ましい対応を表したものです。

---

(13)　この本は残念ながら未邦訳です。『ぐりとぐら』のシリーズ、レオ・レオーニの『どうする、ティリー』と『マシューのゆめ』、スーザン・ヴェルデの『ぼくは　にんげん』、ドクター・スースの『きみの行く道』などの絵本や、R・J・パラシの『ワンダー』、ロイス・ローリーの『ギヴァー』などがおすすめです。QRコードでは、成長マインドセットのサポートの仕方や教え方の参考になる本が紹介されています。

表３－２　想定される生徒の発言と望ましい対応

生徒の発言	望ましい対応
「私にはできない」	「まだできませんが、一緒に取り組んでいきましょう」
「あまりうまくいかなかった」	「どういうところが改善できると思いますか？」
「難しすぎる」	「これには、誰の助けが必要だと思いますか？」
「何もすることがない」	「普段（もしくは○○の授業で、学校で）、どんなことをするのが好きですか？　二つ挙げてください」
「算数・数学は無理。お母さんもできなかった」	「学びによって脳がどのように変化するかについて覚えていますか？　算数・数学ができるようになるために脳を鍛えましょう。どのようにはじめたいですか？」
「調子が悪い」	「お腹（もしくは頭）が本当に何かおかしいのか？　それとも何か別のことに原因があるのかな？」
「どんな気分ですか？」と尋ねたときの「普通」という返答	「呼吸して、今の時点に集中してみましょう。どんな感情が湧いてきますか？」(注)
「悲しいけれど、どうしてか分からない」	「何か悲しくなるようなことを考えていますか？」 「カウンセラーの人と話したいですか？」 「落ちつける場所（もしくは読書をする場所など）で、しばらくそのことについて考えてみますか？　悲しく感じる理由が分かるまでに少し時間がかかるかもしれません」

（注）別の表現として、「感情の言葉のポスターを見て、どのような種類の感情が今の気持ちを表していますか？」や「自分の感情を細かく示している言葉があるか探してみましょう」なども挙げられます。

第4章

自己管理能力を身につける

数学ができるようになってほしいと思うなら、
小さいうちに衝動を抑えるように教えることが
一番大切です。
（ジョン・メディナ）*

（＊）３ページで紹介した分子生物学者です。

私はある手紙を持って、生徒たちが教室に入ってくるのを待っていました。その手紙はプリンターに残されていたもので、仲たがいをしたあとに書かれたような内容であることを生徒に伝えました。私は、「みんなからの信頼を損ねたくはないけれど、誰が書いたものかを知る必要があります」と言って読みはじめました。

S・Mへ

あなたがいなければ、私の人生はまったく違ったものになっていた。時が経つにつれて、もっともっとあなたのことが必要になった。あなたなしでは何も成し遂げられない。私はいつも不安にかられ、心を落ちつけることもやる気を出すこともできず、目標にも近づけない。

私は、ほかの人の言葉に過剰反応してしまう。教室から出ていくように言われたこともあるし、メラニーのパーティーも途中で帰らなくてはならなかった。私たちが一緒にいられたら、私の人生で確固たる存在のあなたがいれば、そうはならないのに。

どうして離れてしまったの？　それとも、初めから私たちは友だちではなかったの？

あなたがいなくなってしまってから、私の頭の中はストレスホルモンでいっぱい。

あなたがどんなに大切な存在なのか、私は分かっていなかった。また私の人生にかかわってくれるようにするにはどうしたらいいの？　膝をついて許しを請えばいいの？　あなたが私のもとに戻ってきてくれるなら約束する。もっとうまくできると。自分が卑屈になっているのは分かっているけど、私の心はボロボロ。
あなたが私のもとに戻ってきてくれますように。

〇〇より

誰がこの手紙を書いたのか、S・Mとは誰なのか、生徒たちが予想したあとに私は、「S・Mとは自己管理（Self-Management）の頭文字で、誰もがこの手紙を書いた人になりえる」と説明しました。そして、生徒たちに、「この手紙をもう一度読みあげ、内容について考え、手紙に出てくるニーズや失ったものを自分に置き換えて考えてみてください」と言いました。

自己管理とは、自分で自分を調節して管理することです。感情はただ調整されるだけではなく、いろいろな要素が**相互に絡まりあって調節される**ものです。調節することができるようになるには、適切な人間関係が保たれていることが大切となります。多くの生徒が、何らかのトラウマやストレスを経験しており、**調節不全**（ある刺激に対する反応を、制御したり調節したりできない状態）に陥っています。

生徒が感情を認識できるように大人がうまくサポートしていけるようになったら、次の段階は、うまく感情に向きあえる方法を生徒に伝えていくことです。いうまでもなく、それが自己管理の練習となります。

自己管理に必要なスキルとして、次の六つが挙げられます。［参考文献28］

・衝動の抑制
・ストレス対処
・自制心
・動機づけ／自発性
・目標設定
・物事を整理して、計画的に行う力(1)

ここに挙げた自己管理に必要なスキルは、それぞれが相互に関連しています。たとえば、衝動の抑制は自制心に影響しますし、目標設定には自発性や計画的に行う力が必要です。授業中や登校中、さまざまな場面で生徒が考えや感情、行動をコントロールすることは、自己管理の要となるものです。

三　脳の中の自己管理

　自己管理には、脳内のいくつもの構造と神経化学物質がかかわっています。たとえば、目標に向かって取り組む（ここには、物事を整理し、計画的に行うことも含まれます）ときには、「気分がよくなる」化学物質であるドーパミンが放出され、目標を達成するときには「心を落ちつかせる」化学物質であるセロトニンが放出されます。ドーパミンの放出量は目標が達成されるときに減少し、目標が達成できたことを認められると、ドーパミンの代わりにセロトニンが放出されます。セロトニンにはストレスや衝動に対処しやすくなる働きがありますので、よい循環が生まれます。

　負の側面に目を向けてみましょう。人は怒りを感じると、感情をつかさどる原始的で小さな部位の扁桃体《へんとうたい》が脳の活動を感情的に「乗っ取る」場合があります。このとき、前頭前皮質での思考プロセスが感情中枢に押しのけられてしまうため、いつ問題が起きても不思議ではない状態となります。

（1）時間とエネルギー、資源を効果的に使うスキルは「オーガニゼーション・スキル」とも呼ばれています。

図4－1　脳の中の自己管理

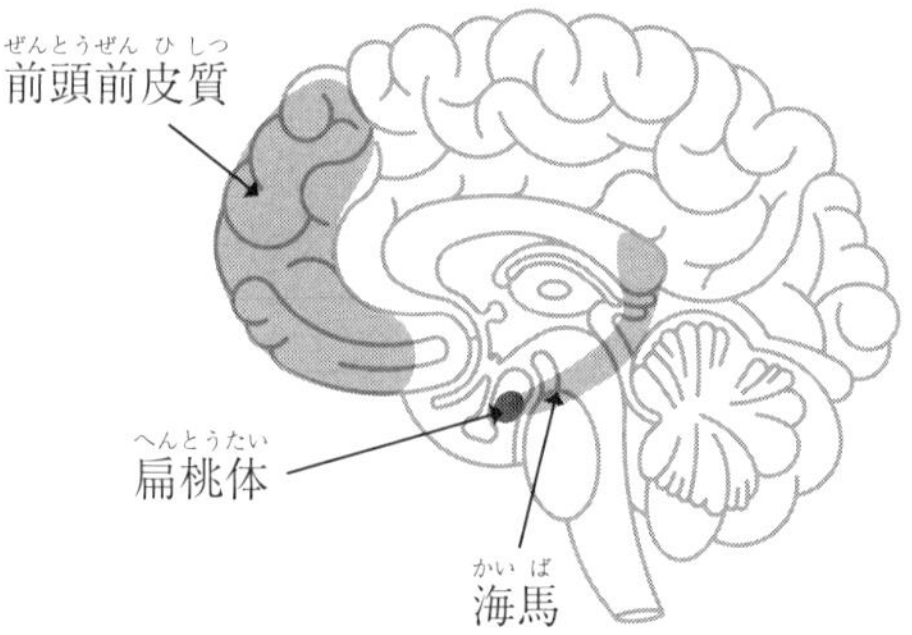

このような状態では、脳内の反射領域からストレスホルモンであるコルチゾールが放出され、それが体内で急増するために論理的思考が妨げられます。また、コルチゾールは、扁桃体の右隣に位置する、記憶形成に重要な海馬の働きを妨げます。よって、闘争・逃走反応（戦うか逃げるか）を起こすことになり、のちに後悔するようなふるまいをしてしまう場合があります。

この状態で自分が怒っていると分かっている場合、すなわち、自分の感情を特定して表現できる場合、脳の働きは非合理的な扁桃体から思考をつかさどる前頭前皮質へと移行します（脳の本能的領域では「感情」を名づけることはできません。反射的な反応が引き起こされるのみです。私たちは、言語をつかさどる前頭葉の働きで感情を言い表すことができます）。そのため、強い感情に直面しているときでも前頭葉に働きかけ、自分のなかで生じている感情に気づき、名づけることが自己管理においてもっとも重要だといえます。前頭葉の働きがあってこそ、私たちはどのように対応し、行動するかを選ぶことができるのです（図4－1参照）。

衝動の抑え方を教える

パメラ・カンター(2)は、自分をコントロールするように求められる環境が自己管理力に大きくかかわっている、と説明しています［参考文献26］。そして、信頼できる大人がいる場合、生徒は衝動を抑えやすくなります。

一九六〇年代、スタンフォード大学で「マシュマロテスト」と呼ばれる実験を用い、四歳の未就学児についての研究が行われました。この実験では、研究者が子どもにマシュマロを一つわたして部屋を退出します。研究者が戻るまでマシュマロを食べずに待っていた子どもは、マシュマロを二つもらえます。待っている間にマシュマロを食べてしまった子どもがいましたが、マシュマロを食べずに一定時間を待ち、追加でマシュマロを手にした子どももいました［参考文献120］。

（2）（Pamela Cantor）課題の多い公立校（公立困難校）を改革するために、脳科学と発達学の研究を実践につなげる非営利団体「Turnaround for Children」を運営しています。

なお、マシュマロを食べずに待っていた子どもは、のちに学校でよい成績を収め、試験の点数も高くなりました。

二〇一二年にも似たような研究が行われ、新たなことが分かっています。二八名の未就学児が、「信頼できる大人のいるグループ」と「信頼できる大人のいないグループ」に分かれました。［参考文献86］

まず、信頼できる大人のいないグループの子どもたちに、「ぬり絵をするように」と言いました。子どもたちには、ボロボロの折れたクレヨンがわたされました。研究者は、「数分間待っていられれば新しいクレヨンを与える」と伝えましたが、数分後に謝罪し、「新しいクレヨンが用意できなかったので、引き続きボロボロのものを使うように」と伝えました。次に、子どもたちは小さなシールをもらい、「数分間待てばもっと大きくて素敵なシールを選べる」と言われました。そして、再び研究者は、「大きくて素敵なシールが用意できなかった」と言って、数分後に謝罪しました。

信頼できる大人がいるグループにも同じ状況が設定されましたが、このグループの子どもたちには、研究者が伝えた約束がきちんと守られました。

その後、研究者を待てた場合には追加でマシュマロがもらえると言われると、事前に約束されたものがわたされた「信頼できる大人のいるグループ」の子どもたちは、「信頼できる大人のいないグループ」の子どもたちと比べて、マシュマロを食べずに長い時間待つことができました。

この実験から、大人を信頼できるかどうかで子どもの行動が変わってくるということが読みとれます。過去に経験したことが、現在の行動を形づくるのです。子どもが過ごす環境に安心感と信頼感があり、そして約束を守ってくれる大人がいるならば、自分の欲望は二の次にして、衝動を抑制しやすくなるのです。

衝動を抑えることと自制心（本章でのちに取り上げます）は重なる部分が多く、どちらにも、衝動を引き起こすきっかけを認識して避けること、もしくは通常起こりうる反射的な行動を変えることが含まれます。本質的には、どちらも脳内において、望ましくない反応に取って代わる新たな神経回路をつくろうとする状態です。このことからも、感情をコントロールするためにまず必要なのは感情を認識することであるといえます。

衝動の抑制、そして自制心にとって大切となるもう一つは、「きちんと聴くスキル」です。きちんと聴くことで、その話の内容と発言者の声の調子や話し方を理解することができます。(3) その場の状況について明確に分かっているときは、より好ましい反応へとつながります。

（3）翻訳協力者から「きちんと聴くスキルを獲得するには、どうすればいいのでしょうか？」という質問がありました。本書の一八六〜一八八ページ、および『最高の授業』と『好奇心のパワー』が参考になります。

学校で衝動を抑えられない場合として、一般的にどのようなケースが考えられるでしょうか？たとえば、大声で話す、クラスメイトの邪魔をする、途中でゲームを放棄する、順番を守らない、ほかの人の前に横入りする、席からジャンプする、関係のないことについて質問する、身体的な衝動やじっとしていられないこと、などが挙げられます。

衝動を抑える方法を教えるために、教師は子どもたちの目先にある欲求を我慢させることがよくあります。「まだ列に並べていないね」、「机が片づいていないね」、「給食を取りに行くのを五分待ったら、並ぶ必要がないよ」、「もう少し静かにできたら、あと一〇分課題に取り組む時間が延ばせるよ」などと促すことは、その都度役立つだけでなく、将来的には、生徒が目先の欲求を我慢して物事に取り組むための根本的な姿勢形成につながります。

呼吸のエクササイズ

ＥＱとＳＱを高める活動を紹介している本では、衝動を抑えるために呼吸のエクササイズがすすめられています［参考文献50］。インターネット上でも、生徒に呼吸法を教えるための情報を見つけることができます[4]（例・www.healthline.com/health/box-breathing#slowly-exhale）。本章の「マインドフルネス」について取り上げる箇所（一三九〜一四二ページ）で詳しい呼吸法を紹介します。

感情の温度計

衝動を抑えるために、どの学年においても次ページに掲載した「感情の温度計」を使うと効果的です。中高生向けには、理性を失うようなことが起きたときに、自分で書きだす、またはプリントに自分たちで感情の温度計を記入します。紙の一番上に日付と感じている様子（怒り、失望、イライラなど）を書きだし、その下に三列の枠をつくって、左の欄に「起こったこと」という見出しを記入して感情を引き起こした出来事や状況を書き、右の欄には「思ったこと」という見出しを記入して、その状況について思ったことを記すようにします。「〇〇〇は大嫌い」、「親は私のことなんてどうでもいいと思っている」、「学校のみんなは私のことを好きじゃない」など、思いつくままに考えていることを書いてもらいます。

最後にマーカーで、中央の欄に描いた温度計の絵に、その気持ちがどれくらい「熱い」かを示してもらいます。

一度、クラス全体でこの方法を試してみて、「感情的になっているときに使ってみるように」と伝えましょう。起こった出来事に引っぱられ、感情的に不適切な発言をしないように、まずは呼吸法で生徒自身を落ちつかせることからはじめましょう。

（４）「マインドフルネス　呼吸法」で検索すると、日本語でもたくさんの情報が得られます。

図４－２　感情の温度計

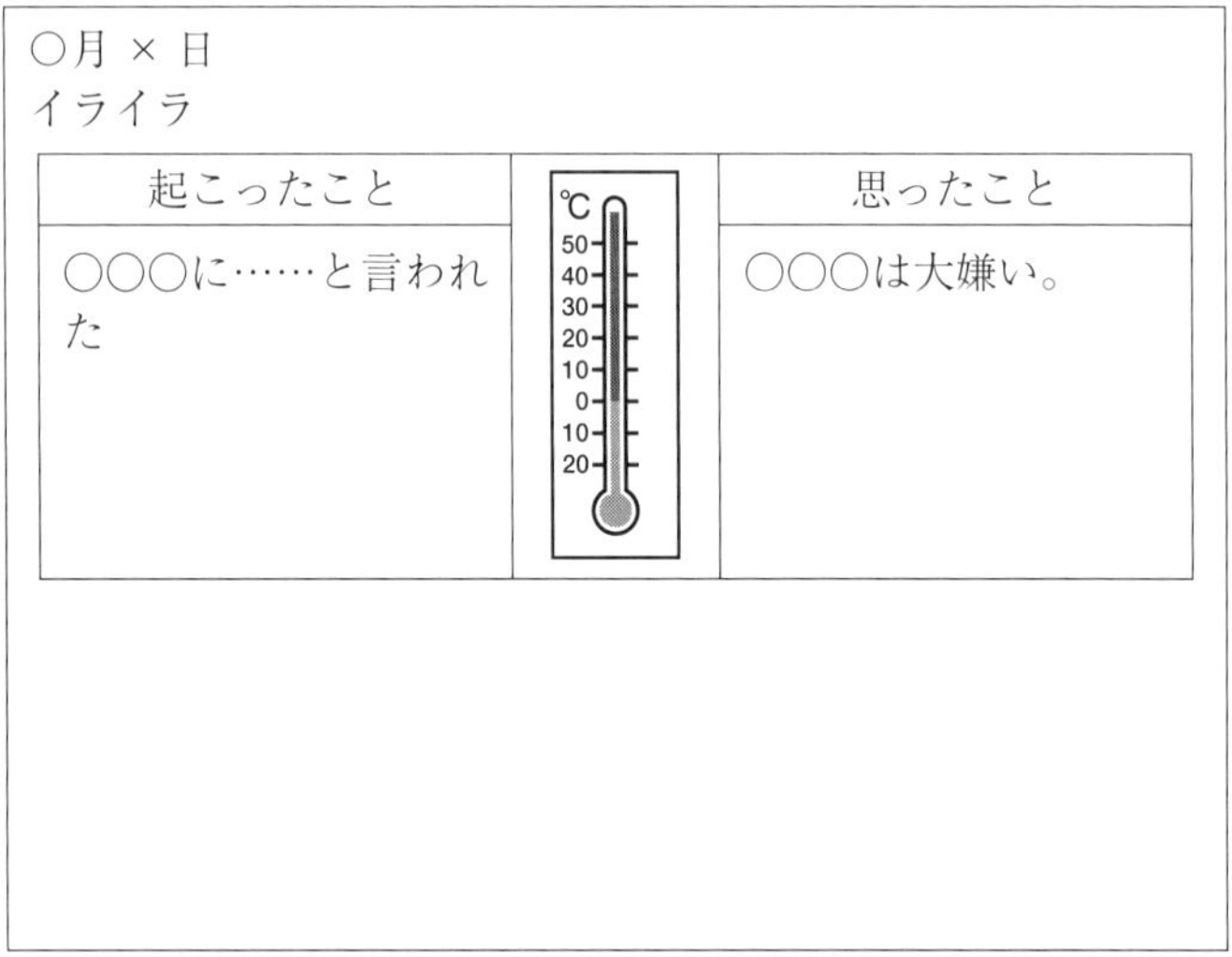

　小学校の教師であれば、冷静さや我を失う状態に気づきやすいように、大きな感情の温度計の絵を教室内に掲示しておくのもいいでしょう。生徒に動揺が見られる場合、温度計のところへ行って、そのときの感情レベルを示す場所に名前やイニシャルを書くようにします。たとえば、校庭でイライラすることがあったら、温度計の「とても熱い／高温」のところに名前を書きます。これは、生徒のチェックイン（様子を確認する）の方法としても使えます。そして、のちに行う生徒との一対一の会話で、何が起こったかを突きとめるようにしましょう。また、一人ひとりの机にラミネート加工した温度計の絵を貼りつけて、どのように感じているのかを書いてもらうのもいいでしょう。

三　ストレスの対処法を教える

ストレスとはどのようなもので、脳がストレスにどのように反応しているのかを知ることによって教師は、自らと生徒が抱えるストレスがそれぞれに大きな影響を与えていることについて理解しやすくなります。「若者健康センター（Center for Youth Wellness）」[(5)]の設立者でカリフォルニア州公衆衛生局長官のナディン・バーク・ハリス（Nadine Burke Harris）は、著書においてストレスと脳科学について分かりやすく説明しています。

教室では、日常的にストレス反応システムが調節不全となっている生徒に直面します。一方、ストレスやトラウマを経験しながらも調節不全に陥っていない生徒もいます。脳が一人ひとり違うように、ストレスに対する耐性もそれぞれ異なっています。逆境や困難、日常的なストレスに効果的に向きあうためには、誰かとつながりをもつことが必要です（最後は、いつも人間関係に行きつきます！）。

「時にはクマがあなたを食べ、時にはあなたがクマを食べる」（勝つときも負けるときもある、

(5)　幼少期に逆境的体験のある人々への医療を変革するための団体です。

成功するときも失敗するときもあるという意味）ということわざがあるように、バーク・ハリスもストレス反応を説明するにあたってストレスをクマに見立てています。森の中でも家でもクマに出くわすことがあり、いずれの場合も脳と身体は同じ反応をするということです。

なかには、食べるものに困っている生徒やネグレクトをする（面倒を見ない）保護者がいる生徒、もしくは保護者がいない状態となっている生徒、親が収監されている生徒、身体的もしくは性的虐待を受けている生徒、恐怖に怯《おび》え、どうしようもない状態になっている生徒がいます。

バーク・ハリスは低所得地域の子どもを対象にして研究をしましたが、都心部でも、郊外でも、田舎でも、社会的・経済的地位の高い家庭にいる生徒のなかにも、クマのいる生活をしている生徒がいるのです。ストレス要因は異なるかもしれませんが、過剰にストレスにさらされている子どもの脳は同じ状態を示し、ストレス反応システムが調節不全という状態になっています。［参考文献22］

クマに出くわすと扁桃体《へんとうたい》が反応し、アドレナリンとノルアドレナリンが流れだして身体が興奮し、前頭前皮質《ぜんとうぜんひしつ》の働きが衰えはじめます。この状態は、理路整然と考えることができなくなり、扁桃体の反応を止める術《すべ》がなくなることを意味します。クマと戦うか、走って逃げるか、もしくはその場に固まるしかできなくなってしまうのです。

このような状況に陥ると、「餌食《えじき》にならないように走っているときでも、エネルギーを無駄にしない」［参考文献118］ために消化機能が止まってしまいます。たとえば、車を持ちあげて娘の命を助けようとしている母親がいるとします。その姿を想像すると、多大なストレスを感じているために錯乱して、無謀な行動をとっているかのように思うかもしれませんが、驚くべきことにこの母親は、娘を助けるために車を持ちあげてしまうのです。

　このような話から、生徒には逆境に打ち勝つことができると信じてほしいと願っています。人は、窮地に陥ったときには人間離れした力を発揮することがあるのです。

　とはいえ、ここには問題があります。ストレス反応はいずれ収まり、落ちついた状態に戻ります。身体が安定した状態に戻ることを望み（恒常性）、状況を変えようとするのです。そのためには、脳と身体が休息をとれる程度の、ストレスを少し感じている状態が理想的だといえます。しかし、毎日、時には一日に何度もクマに対峙しなければならない場合は、ストレス反応が調節不全状態に陥ります。繰り返し過度にストレスがかかり、それに対応するために脳の働きが活発になり、ストレスの反応に支障が出てきてしまうのです。

　なかには、クマがいつ来るかと過剰な警戒をしている生徒もいます。また、クマから身を守るために感情を押し殺している生徒もいます。さらに、学校での人間関係が日常のストレス要因となっている生徒もいます。

　それ以外にも、子ども時代の逆境的体験（ACE＝Adverse Childhood Experience）と向きあわなければならない生徒もいます。ＡＣＥとは、虐待や親の収監、離婚や別居、薬物乱用、死といった過度のストレスにさらされた場合や、トラウマとなっている子ども時代の経験を指します。

ＡＣＥのある生徒に手を差し伸べるためには、教師自身がストレスとストレス対処について学ぶ必要があります。ストレスやトラウマがそのまま放置されると脳の発達を妨げてしまうこと、そして記憶や思い出、集中力や衝動抑制に影響が出てくることを理解しなければなりません［参考文献57］。教師は、ＡＣＥの影響を軽減するために、ＳＥＬを通じて生徒によい経験を重ねさせていくことができるのです。

ストレスに関する知識も役に立ちます。ストレスには以下の三種類があります。

良好ストレス――生徒が何かの競技大会や発表の準備をしているときに経験するもので、子どもの発達には欠かせないものです。人生の浮き沈みを乗り越えるためには、脳に適度なストレスが必要です。

負担ストレス――家族の死などといった困難な状況に対して顕著な反応を示すもので、生徒にとってなす術《すべ》のないものです。この種類のストレスはしばらく続く場合がありますが、深い人間関係のもとに成り立つサポートがあれば回復できます。

毒性ストレス――大人からのサポートがないところで逆境に遭遇したときに起こるものです。ストレス反応系のバランスを保つには、良好ストレスと負担ストレスを経験するべきですが、なかには負担ストレスがすぐに毒性ストレスへと転化してしまう生徒もいます。［参考文献30］

ある授業中、私が動画を観せるために教室の電気を消すと、マーガレットが席から飛びあがり、教室を走りでて、廊下を挟んで向かいにあるお手洗いに入っていきました。体調が悪くなったのかと思い、友だちのタマラに様子を見てくるように頼みました。

タマラがすぐに戻ってきて、「先生も来てくれたほうがいいわ」と言いました。予定していた動画を流して、生徒に詳しい指示を出し、「席についているように」と言ってマーガレットの様子を見に行きました。

マーガレットは、お手洗いの片隅で泣いており、震えながらうずくまっていました。私はマーガレットの横にしゃがみました。マーガレットは私の手を固く握ってすがりつき、教室に戻れるような状態になるまでに時間がかかりました。

「保健室に行こうか」と私は尋ねましたが、彼女は嫌がりました。マーガレットは、親に報告されるのを恐れていました。彼女が取り乱さないように要望を受け入れ、教室に戻りました。しかし、それで終わりではありませんでした。

私は、理由がなくとも生徒が教室に来て話をしたり、ただ座ったりして安心できる場所をつくるように心がけていました。それまでも時々、マーガレットは朝早く学校に来て、教室で座って過ごすことがありました。

マーガレットはその一件以来、毎朝、そして放課後にも教室に顔を出すようになりました。マーガレットはようやく、長きにわたってベビーシッターから性的虐待を受けており、耐え忍んでいることを話しました。彼女は、自分が責められるかもしれないと思って、親に知られることをとても怖がっていたのです。

このことを知った両親は、味方になってくれ、マーガレットに必要な支援ができました。この出来事のあと、マーガレットの状態は、セラピストの助けもあって少しずつよくなっていきました。

毒性ストレスは、ここで紹介したマーガレットと同じような反応を引き起こします。教室の電気を消したことは、彼女の毒性ストレスが明るみになったきっかけの一つでしかありません。毒性ストレスのある人が、その要因となる記憶を想起させることに触れてしまうと、教室を飛びだしたマーガレットのような反応を引き起こしてしまいます。

本書の執筆時点では、世界はまだ新型コロナのパンデミックに苦しんでいますが、このパンデミックは従来のストレスを悪化させてしまいます。生徒が学校に戻っても、感染への恐怖心が抜けきれないことや神経系の調節不全といった影響が出るでしょう。

脳が恐怖状態を経験し、なす術《すべ》がないと感じると脳内で変化が生じます。生徒と通常の関係に戻り、そして新たに関係を深めていくためには、まず恐怖心を和らげなければなりません。生徒に、前もって予定や次にすべきことを伝えるなどして、予測可能性を高めることが必要となります。パンデミックの最中では、今後どうなるのか誰にも分かりません。

すべての人が恐怖状態を経験します。恐怖状態にある場合には、脳は何も学ぶことができず、ただ生き延びようとします。認知的スキルとＥＱ、ＳＱは脳の状態に左右され、生徒の能力は流動的に目まぐるしく変化します。

生徒たちは、脳と身体を疲弊させる大きなストレスを抱えた状態で学校に戻ってきます。そのため、生徒が集中力を欠き、怒りっぽい状態であることを踏まえて接しましょう〔参考文献109〕。教師は、恐怖とストレスにさらされた状態から警戒心を少しずつほどき、最終的には冷静な状態へと生徒を導いていかなければなりません。

では、生徒がストレスと向きあえるようにサポートするには、どのようにしたらよいのでしょうか？　生徒がストレスに対処できなければ「学び」は生まれません。クラス全体でストレスを認識し、管理できるように取り組んでいく必要があります。

予測可能性——日課、スケジュール、決まった手順

トラウマの経験があったり、問題行動が見られたりする生徒も含め、すべての生徒の学びを促進してストレスを減らすためにも、生徒の学びに効果的な日課や決まった手順を取り入れることが有効となります［参考文献40］。学級運営では、やり方を習慣づけることの必要性が主張されています［参考文献148］が、さらに重要な点は、習慣や決まった手順を踏むことで生徒が安心でき、自分がうまくできているという気持ちになることです。何度も行っている明確な手順を踏むことで危険がないと感じられ、扁桃体《へんとうたい》は冷静な状態を保ちます。

車の運転にたとえてみましょう。経験を積むと、運転する手順を自動的に行えるようになり、何か習慣から外れることが起こらないかぎり、何も考えることなく快適な運転ができます。しかし、もし前の車が急ブレーキをかけたりすると、衝突しないように自分も急ブレーキをかける必要があります。また、青信号が急に黄色に変わると、進むべきか停止すべきかの判断をしなければなりません。そして、サイレンの音がして後方にライトが点滅しているパトカーが目に入ったら、直ちに停止するように求められているのか、スピードを落としてパトカーに道を譲るべきなのかについて考えなくてはなりません。

いずれにせよ、何が起きるのかが分かっていると人は安心できます。次のような場合を想定してみましょう。

ジムは朝起きると、母親が用意してくれた朝食を七時に食べて、七時半のバスに乗れるように家を出ます。七時四五分には学校に到着し、ロッカーで荷物を整理して教室に行くと、一時間目の授業にちょうど間にあう時間となります。

ブラウン先生は、廊下で体育の先生と話しながらコーヒーを飲んでいます。ブラウン先生は、チャイムが鳴ってから教室に入り、出席表を取りだすまでに五分ほどかかるので、生徒たちはまだ友だちと話していてもよいということが分かっています。これはジムにとっては予測できることなので、安心していられます。しかし、いつもそのように人生が運ぶとはかぎりません。中学生のころ、私は友だちのジェイミーと下校していましたが、家に近づくといつもジェイミーは動揺しはじめ、家に着くと少しパニック状態になりました。

ジェイミーが、「一緒に家に入って」と私に頼みこんでくる日もありました。ジェイミーの母親はアルコール依存症で、帰宅したら母親がキスをして抱きしめて出迎えてくれるか、叫んで叩かれるか、ジェイミーには予測することができませんでした。ジェイミーは、学校は安心できるところと感じているので、学校が大好きでした。

私は、ある脳科学者の夏のセミナーで予測可能性について学んでいたので、教室における習慣の有用性については知っています。習慣とは、繰り返し行うことで予測できるようになること、つまりある刺激によって決まった反応が起こることを意味し、特定の状況のときには、常に特定の反応が続くことになります。

教室では、安心できる環境をつくるために多くの習慣や決まった手順が必要で、それがストレスを発散させる助けとなります。私が行っているワークショップでも、学年の最初の週が終わるまでに一五〜二〇個の決まった手順を紹介するべきだ、と参加者に伝えています。この数を多いと感じられるかもしれませんが、次に紹介する例を知れば納得できるでしょう。

私のクラスは次のようにはじまります。生徒が入ってくるときには、ザ・ビーチボーイズの『Be True to Your School（自分の学校に忠実であれ）』という曲が流れています。私は教室の入り口で「〇〇、おはよう！」と笑顔で生徒たちを出迎え、チャイムが鳴ると音楽を止めます。生徒に向かって、「グループの子が全員来ていて、一日をはじめる準備が整ったら、手を挙げて『はい！』って言ってください」と声をかけると、生徒は手を挙げます。手が挙がらないグループがあったら、誰が欠席しているのかを確認します。この方法では、簡単に出欠をとることができます。そして、「隣の席の人に何か一言添えて、おはようと挨拶をしましょう」と生徒に言います。

この一〜二分間のホームルームの時間に、四つのことを習慣として取り入れています。①音楽、②入り口での挨拶、③出席確認、④グループ内で互いに一言かけあうこと、です。習慣をつくるには、まずクラスで起こりうる状況を想定します。このような習慣は毎日しなければならないものではなく、何か特定の状況のときに実施してもかまいません。たとえば、クラスでの習慣として次のようなことが挙げられます。

・生徒の誕生日（私はいつも、猫が『ハッピーバースデー』を歌っている面白い曲をかけています。）
・授業の初め（私は、シスター・スレッジの『We Are Family（私たちはみんな家族）』を流しています。）
・授業の終わりに、『Happy Trails to You（よい旅を）』や『What a Wonderful World（この素晴らしき世界）』を流すというのはいかがでしょうか。
・生徒が自分の書いたもの（作文やエッセイ）を発表するとき、私は「作家の帽子」をかぶってもらっています。
・試験日は自分たちの学びを祝っているので、クール&ザギャングの『Celebration（お祝い）』を流しています。
・一日の終わりには、隣の人と向かいあわせになって、「今日、神経細胞の樹状突起が成長した！」と言うように伝え、教室の入り口に立って、生徒一人ひとりとハイタッチをして見送っています。

あなた自身と生徒にとって、よいと思われる習慣について考えてみてください。あなたが気持ちよく行えるものであれば、生徒も肯定的に捉える可能性が高いでしょう。

習慣があることで、教室は退屈になってしまうでしょうか？　そうはなりません。予測できることで生徒にゆとりを与え、新しいことを学ぶための環境が整います。もちろん、毎日繰り返してまったく同じことを行えば教師も生徒も退屈になり、その退屈さがストレスの原因となります。そのためにもバランスが大切です。習慣や決まった手順があると、挑戦したり、新しいことやちょっと変わったことをするための余裕が生まれ、教室での経験が楽しいものになります⑥。

時には、習慣を変えることはできるでしょうか？　もちろんです。ただ、生徒が新しい習慣に慣れるまでには時間がかかることを念頭に置き、習慣を変える前に必ず生徒に伝えましょう。そして、生徒が変化を予測できるようにしておきましょう！

90秒ルール

ストレスを経験しているときには、脳と身体を浄化するために九〇秒かかるという「90秒ルール」は、生徒に教えるなかでもっとも大切なルールだといえます［参考文献14］。この一分半の間に何が起こるかが重要です。負の感情をどこにも放つことができずにストレス要因が留まる場合には、自分自身が消耗してしまいます。

自分にも、話を聞いてくれるであろうほかの人に対してもわめき散らしてしまうことがあります。「あの子が私にどんな言い方をしたか聞きましたか？　信じられません！　あの子が私にそんなことを言ったのは初めてです！　校長に報告します。その生徒が二度と同じことをしないように注意しないと！」というようにわめき散らしても、何も生まれません。

一方、この九〇秒間に建設的な方法で対応すれば、ストレスに対処することができます。そうするために、私は生徒に簡単な対処法を教えています。頭文字をとって「CBS」と呼んでいますが、具体的にいうと「Count（数を数え）」、「Breath（深呼吸をし）」、「Squeeze（握る）」となります。

数を数えると脳が落ちつき、ストレスを起こすきっかけとなったこと以外に注意を向けやすくなります。そして、きちんと深呼吸をすることによって心拍数が下がり、体内をめぐっているストレス反応物質が減ります。九〇秒の最後に、ストレスボールや小さなぬいぐるみなど（もしくは自分の手でも）、握りやすいものを生徒が握れば落ちつきを取り戻すことが容易になります。

---

(6)　これを授業に取り入れているのが『作家の時間』や『読書家の時間』、『社会科ワークショップ』などです。授業の時間の使い方はほぼ決まっています。ミニ・レッスンではじまり、生徒が「ひたすら書く・読む・探究する」時間を一番多く確保したあと、最後はふりかえり／共有の時間となります。作家や研究者の多くが決まった日程で仕事をしているのも、そのほうが独創的な仕事ができるからです。

声の調子／話し方

「話し方で自己管理を表現する」というビデオのなかでは、「落ちついて、批判的に聞こえないようにはっきりした声で話すことは、教師自身の自己管理の一部であり、生徒が自己管理を可能にするためのサポートにもなります。さらに、教師が生徒に耳を傾けながら状況を把握していることを伝えれば生徒は安心できます」と述べられています〔参考文献39〕。教師が落ちついてはっきりと話すと、生徒は大事にされていると感じるのです。

現在の話し方で生徒に話しかけるようになるまでに、私も時間がかかりました。私は六人家族で育ち、家では大声が飛びかっており、ほぼ「叫び声」といえるような声で話すというのが日常でした（本当です！）。

初めて幼稚園の年長組の担任になったとき、最初の授業において私の話し方が子どもに影響を与えていることに気づき、声の大きさを抑えなければなりませんでした。一方、中学生の担任になったときには少し声を張りあげる必要があり、鏡の前で落ちついてはっきりと話す練習をしました。[7]

私が教えている生徒には、家庭で保護者が大声で叫んでケンカをしていたり、怒鳴られたり、大家族のために大声で叫ばないと聞いてもらえなかったりするといった環境にいる生徒がたくさんいます。批判的に聞こえないように、落ちついて話せるようになるためには、繰り返し練習をしていく必要があります。

感情が抑えられるようになるためには練習が必要なのです。ある状況では、条件反射で感情をさらけだしてしまうこともあるでしょう。教師自身が自己認識できるようになれば、感情を認識し、生徒に対する話し方も調節できるようになります。

ストレスを抱えた生徒には、落ちついた状態でいる、手本となる存在が必要です。教師のジェスチャーや声の調子から、生徒たちはどのように対応すべきなのかを考えます。「PBISWorld.com」のウェブサイトには、批判的に聞こえない落ちついた声を出すにあたって、そうする必要性や、使うべき場面や目的、効果を考えるうえにおいて役立つ情報が書かれています（pbisworld.com/tier-1/use-calm-neutral-tone/）。

セラピー犬

セラピー犬の団体によると、セラピー犬は、生徒と教師が落ちつきを感じられるように助けてくれる、ということです。実際に、トラウマを負った生徒のサポートや、学校で銃撃事件が起き、緊急を要する状況などにおいてセラピー犬が使われています。［参考文献3］

（7）生徒を正したり、自分の主張を受け入れさせるために高圧的な言い方をする、ということではありません。

犬は公平な動物で、無条件にすべての人を慕います。この様子は、多くの生徒が学校の外では受けられないものです。セラピー犬は基本的にカウンセラーの部屋にいますが、生徒が取り乱すような状況になったときのために、学校の廊下を歩き回っているときもあります（もちろん、付き添いがいます）。

クラスでペットを飼うことがEQやSQの発達において有益と考えられていますが、具体的には、セラピー犬によって生徒のストレスレベルの低下と出席率の向上が報告されています。生徒のコルチゾールのレベルが下がり、オキシトシンのレベルが上がったという研究もあります［参考文献70］。つまり、ストレスが緩和され、学校内での信頼関係が増すということです。

少し前のことですが、最近まで私が教えていた学校に行ったとき、生徒も保護者もみんなが新しいセラピー犬の「チャーリー」について話をしていました。チャーリーはまだ仔犬で訓練中でしたが、すでに学校のみんなの心をつかんでいました。教師を落ちつかせ、生徒の発表を聞き、緊迫した状況を和らげるために役立っていたのです。チャーリーは、主にカウンセラー室か校長室にいましたが、チャーリーのおかげで学校全体に安心感が漂っていました。

マインドフルネス

マインドフルネスとは、生徒が「今、ここ」の時点に集中することによって、自らの感情や行

図4－3　脳の頭頂連合《とうちょうれんごう》野《や》

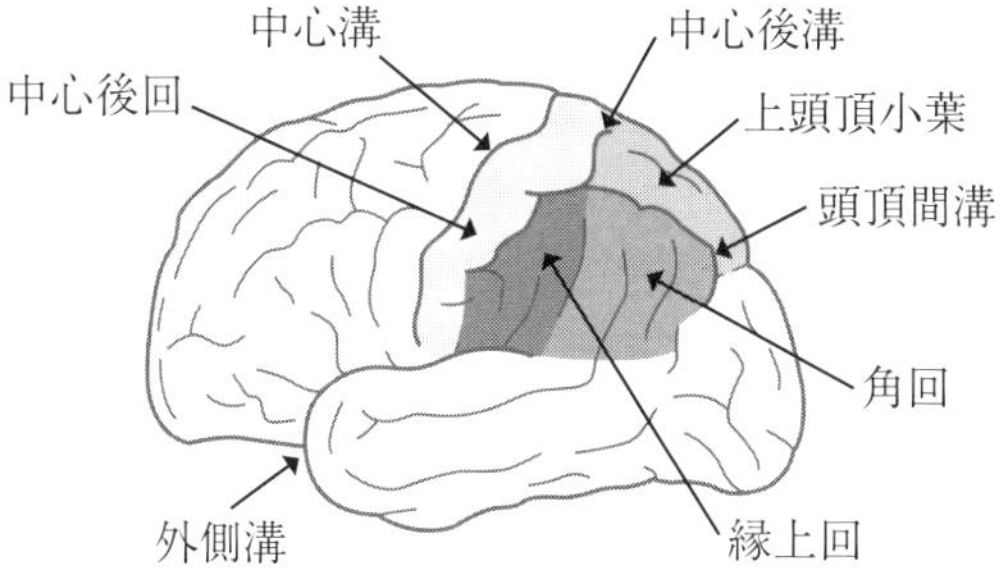

動に気づく機会となるものです。現在の時点に集中して、感情と思考、身体的感覚がつながっていると認識することで感情は抑えやすくなります。自制心を発揮するために、自分にとって何が一番よい方法かが分かれば、自制心を失いかけていると感じた場合、マインドフルネスの実践によって自制する方法が使えるようになります。

マインドフルネスを実践すると、脳の頭頂連合野（**図4－3**参照）にある集中を高めるためのネットワークが強化されます。生徒がさらに「今、ここ」の状態に意識を向けられるようになれれば、認知的な柔軟性が高まるとされています。

マインドフルネスによって前頭葉と海馬《かいば》（学習と記憶をつかさどる）の脳細胞が増え、逃走・闘争反応の引き金となる扁桃《へんとう》体《たい》の細胞が減ることで反射的・本能的な反応が減ります。要するに、扁桃体の細胞数が減少することによって扁桃体と前頭葉（高次の思考や集中、計画性をつかさどる）のつながりが薄れ、脳が警報を鳴らす場合が減るということです。［参考文献44］

図４－４　４×４呼吸法

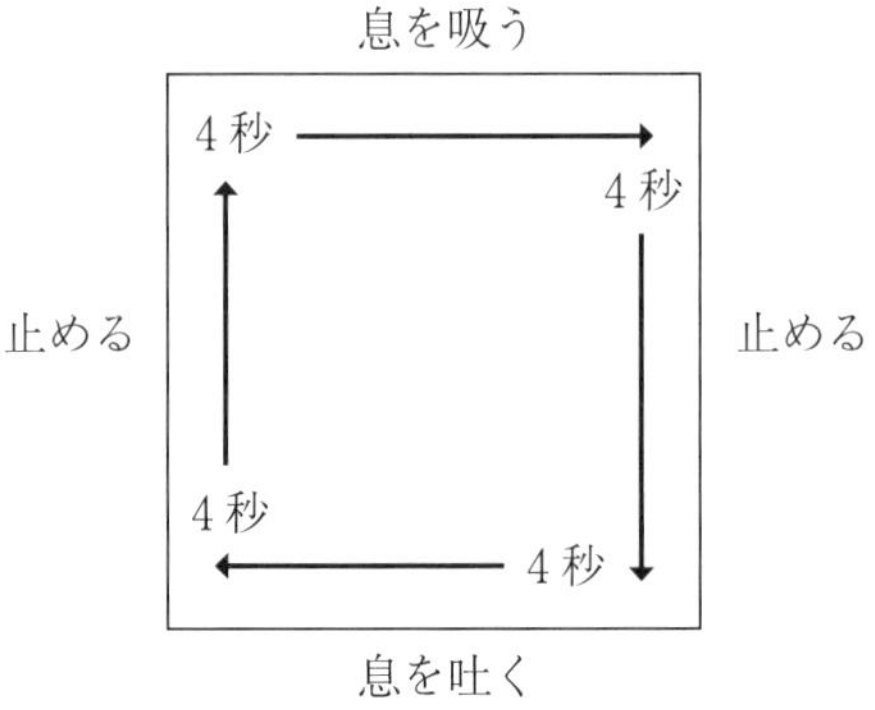

マインドフルネスを実践するためにはいろいろな呼吸法があります。たとえば、次の呼吸法から好きなものを選んで教え、生徒にいくつかの選択肢がもてるようにしてください。

基本的呼吸法――ゆっくりと鼻から息を吸い、口から吐きます。

４×４呼吸法――四秒かけて鼻から息を吸い、四秒間息を止めて、四秒で息を吐きだし、四秒間息を止める動作を繰り返します。**図４-４**に示したような図を机に置き、この方法を教えている教師もいます。

コットン（綿ボール）呼吸法――教室の誰とも目を合わせずに生徒が座ります。手のひらにコットンを載せます。コットンを手のひらから指先まで動かしながら、ゆっくりと一分間呼吸をします。コットンを動かしている間、呼吸がゆっくりになっていることを意識させます。一分経ったら、

コットンが指の付け根より先に行かないように、さらにゆっくりと呼吸します。［参考文献137］

風車呼吸法――呼吸に集中し、風車の回る速さをコントロールできるようにします。風車を早く回したがる生徒もいるでしょうが、どれくらいゆっくりと回すことができるかに意識を向けさせ、落ちついてゆっくりと呼吸します。(8)

生徒が呼吸法を練習し、感情や行動を抑えるためにこれらが自然に使えるようになることが大切です（試験前であれば、生徒の不安を和らげるためにクラス全体で呼吸法を実践するというのもよいかもしれません）。

心を落ちつける場所

どの学年でも、教室や学校内において心を落ちつけられる場所があると生徒が自己管理のスキルを育むうえで役に立ちます。「心を落ちつける場所」や「穏やかな場」、「静かなところ」など名前は何であれ、ビーズ・クッションや座りやすいところ、もしくはほかの生徒と離れて座れる

---

(8)　このほかにも多様な方法があります。生徒に紹介する際は、自分が実際にしっくりくるものであることが大切です。マインドフルネスや呼吸法で検索するとたくさんの本や情報がありますから、チェックしてください。

ように、テーブルと椅子を用意しておきます。呼吸を落ちつかせて、ストレスを和らげられるように、柔らかくて握りやすいボールや風車などを置いておくのもよいでしょう。いずれにしろ、目的は自分を取り戻し、集中できるようにすることです。

また、水と接着剤、キラキラ光るグリッターが入った「心を落ちつけるボトル」を使えば、場所を取らずとも同じことが行えます。生徒も大人も、ボトルを振ってキラキラとしたグリッターの流れを見るのが好きです。これを見ていると、90秒ルール（一三四ページ参照）の範囲内、一～二分でほとんどの人が落ちつきを取り戻します。

この方法が高学年の生徒には向かないと思うならば、教卓にこのボトルを二～三日置き、何人くらいの生徒が興味を示すか様子を見てみましょう。

「心を落ちつけるボトル」は購入もできますし、自分でつくることもできます（つくり方は、https:/preschoolinspirations.com/6-ways-to-make-a-calm-down-jar/ を参考にしてください。[9]）

感情プラン

「We Are Teachers」というウェブサイトでは、「感情プラン（計画）」を取り入れるようにとすすめています。**表4-1**は、より計画的に行う場合に用いられる感情プランです。一段目に「活動」、「感情」、「対処方法」と書きます。試験日が近づいていたら「活動」の下に「試験」と書き、

表4－1　感情プラン

活動	感情	対処方法
理科の試験	不安、緊張、ストレス	・落ちつくための呼吸法を実践する。 ・水を飲む。 ・クラスメイトと復習する。

どんな感情が関係するかを書きだします（八五ページで示した「感情のリスト」が役に立ちます）。感情を書きだしたら、その感情に向きあうための方法を話し合います。

生徒は、その日やその週の予定を考えて、ある感情が沸き起こるきっかけがいつ訪れるのかが予想できるように個人的な「感情プラン」をつくって、時間があるときに表に書いていくとよいでしょう。また、感情プランが役に立ちそうな生徒と一緒にそれを用いて、互いに状況を確認するというのもよいでしょう。第3章で示した「チェックイン」の方法としても使えます（八八ページ参照）。

（9）日本語でのつくり方は、「センサリーボトル作り方」ないし「スノードーム　作り方」で検索してください。

毎朝、一日のはじまりに、自分が教えるクラスや朝の会で使ってみましょう。中学校では朝の会に取り入れましたが、朝の会がない高校生の場合は、一時限目の初めに使うとよいでしょう。〔参考文献143〕

初めに、「今朝は何を食べたの?」や「今日、すでに誰かと言いあいになった人はいるかな?」、「宿題に何か問題はあったかな?」といった簡単な質問をして、生徒がどのように感じているかを気軽に尋ねます。その答えによって教師は、生徒がどのような一日を過ごすことになるのか、感触をつかむことができます。

三 自制心を育てる

ストレスの下げ方や衝動の抑え方を生徒に教えたら、次は「自制心」を高めることが課題となります。衝動を抑制するためには、ある行動から別の行動が選択できるようにしておく必要があります。努力を要しますが、繰り返し練習することで徐々にできるようになります。そうすれば、教師の目が届かないときでも生徒はやるべきことをするようになるので、常に面倒を見たり、教師の指示に無理やり従わせたりする必要がなくなります。

自制心のある生徒の特徴として、次のようなものが挙げられます。

・必要なときに助けを求めることができる。
・課題に集中できる。
・きちんと指示が聞ける。
・必要なときに、必要なものが取りだせる。
・準備して授業に臨める。
・期限内に課題の提出ができる。

行事の企画を経験する

計画を立てて実行に移すことは自制心の要《かなめ》となります。幼稚園児であれ、高校生であれ、多くの生徒にとって事前に計画を立てるというのは難しいものです。生徒たちに行事を企画させることが、このスキルを培うことにつながります。

行事の企画で必要なものは何か？　予算はどれくらいか？　ゲストは誰なのか？　行事の情報をどのように周知するのか？　といったことを事前に考える必要があります。生徒が行事を企画したあとで、試験や課題についても計画を立てさせてみましょう。物事をやり遂げるうえにおいて、事前に計画を立てることがいかに役立つのかについて考える機会を設けましょう。

脳の休息

生徒には休憩が必要です。長い時間、脳が何かに集中していたら疲れて、うわの空になってしまったり、空想にふけったりします。ほとんどの生徒が集中できる時間は五分から一〇分程度です。また、身体を動かすことも必要です。立ちあがって動かないと集中力を欠き、学べるような状況ではなくなります。

ここでいうところの脳の休息とは、集中して行っている脳の状態に変化を取り入れることです。生徒が集中力を失いはじめたと感じたら、少し新しいことを取り入れましょう。簡単に予測でき、習慣となっている脳の働きに変化が起こります。

網様体賦活系《もうようたいふかっけい》（一三ページ参照）は、脳の第一の管理者として情報を選りわけます。何が起きるかが分かりすぎてしまっている場合には集中力を欠きますが、脳が一度休息できると生徒は再び集中できるようになります。

脳が休息をとる方法として、次のような行動が考えられます。

・学習内容に関連した形で身体を動かす。（例「立ちあがって、クラスメイト三人に南北戦争に関連することを話してください」）
・楽しみながら体を動かす。（例「教室内で、銀色のもの三つと、金色のもの二つに触れてから席に戻りましょう」）

・歌や踊りを取り入れる。
・なんでもいいから袋を使う。家庭用品や文房具などが入った袋から道具を一つ取りだし、従来とは異なる新しい使い方を考える。
・本を頭に乗せて、バランスをとりながら教室を歩き回る。

このような脳の休息を取り入れれば、網様体賦活系を活性化させることができます。

三　自発性を培う

生徒は、音楽発表会に参加しないで課題をやっていてもいいでしょうか？　生徒は、宿題が終わるまで友だちに電話をかけないでいられるでしょうか？　このような質問への答えは、生徒の「自発性」、つまり目標を達成するために取り組む際の「やる気」に関連してきます。

次の方法は、生徒の自発性を培うのに役立ちます。

成功の輪

人前に立って何かを伝えるときには、ストレスや不安が常に伴います。生徒は、自分はうまくできるだろうか？　自分の言うことを聞いて理解してくれるだろうか？　冗談に対して笑ってくれるだろうか？　といったことを考えています。

クラスで本や課題について発表するときや質問に答えるとき、また話し合いで意見を述べるときなど、このような場面はたくさんあります。このようなときには、「成功の輪」を使えば自らのやる気を奮いたたせることができる、と生徒に伝えます。

まず、自分から一歩離れた床に円を思い浮かべ、その輪に入ったら自分はスーパーヒーローになり、ほかの人を助けるための知識をもっていると仮定します。そして、人のために立ちあがった文学作品の登場人物や歴史的人物、またはスーパーヒーローについて話しましょう。「一歩踏みだす」前に深呼吸をし、自分がうまくやっている姿を想像します。それから輪の中に入り、腰に手を当て、自分自身に「私にはできる！　スーパーヒーローなんだから！」と言い聞かせます。

メイカースペース

生徒一人ひとりが興味をもっていることに関して、場所を設けて知識やツール、情報を分かちあう「メイカースペース」と呼ばれる取り組みがあります。この取り組みでは、認知的な学び以上のものがもたらされます。機械や技術に関連するメイカースペースでも、機械に関連しないメイカースペースでも、生徒が主体となった探究や創造的なプロジェクトに取り組んでいくことで自発性や自制心、相互依存関係について理解しやすくなります。

メイカースペースでは、生徒たちがアイディアを出しあい、協力しあいます。失敗することもありますが、一緒に取り組むため孤独感は少なくなります。孤独だと感じている場合は失敗するとすぐにあきらめたくなりますが、お互いに助けあっているときには失敗を乗り越え、再び挑戦しようという気持ちが生まれやすくなります。

三　目標設定と計画性を教える

目標からは、「集中力」、「粘り強さ」、「グリット（やり抜く力）」の大切さが浮き彫りになります。生徒がはっきりとした目標に向かって計画を立てて取り組もうとするときは、仮に失敗や挫折があったとしても、集中力と粘り強さを発揮しやすいものです。さらに、何らかの障害や集中力を妨げるようなものがあったとき、目標に向かって取り組み続けるためにもグリットが必要となります。

毎日、ピアノを三〇分練習する生徒、持久力をつけるために毎日走りこみをするサッカー選手、作文やエッセイ・詩を何度も読み返して校正する生徒はみんな目標をもっており、たとえ好きなテレビ番組を見られなくても、ビデオゲームで遊べなくても、友だちからの遊びの誘いを断ることになっても、粘り強く取り組みます。

脳の前頭前野では、目標設定することを通じて実行機能[10]が発達します。やりがいを感じ、達成可能な目標への意欲がある場合は、脳の学ぶ効率が最大限に高まります。自分にとって目標が重要かつ価値のあるものと感じると、脳は目標に突き動かされるのです。［参考文献96］

生徒自身が目標を設定するためには、助言を必要とする生徒もいることでしょう。生徒が目標を書きだすときには、達成をイメージして詳細まで考える必要があります。長期的な目標を設定する際には、大きな目標を達成するうえで必要となる一つ一つのステップや短期間での目標を考えるときにサポートを必要とするかもしれません。また、目標の優先順位を考える必要もあります。

達成度を測定できる基準を設定し、優先順位を考え、目標を達成するための計画を立てるときには「計画性（オーガニゼーション・スキル）」（一一五ページの注1を参照）が必要となります。そのため、次に挙げるようなことを生徒は自問しなければなりません。

・自分は何を達成したいのか？（はっきりと述べる必要があります）
・どのようにすれば達成できるのか？　どのようなステップを踏めばよいのか？
・うまくいかない場合の代替案は何か？
・いつ目標を達成できるか？（目標には時間制限を設ける必要があります）

・どうすれば目標を達成したと分かるのか？（学習している教科にもよりますが、目標達成には、プロジェクトや研究レポート、評価を終えることが含まれます）

これらに、「目標を達成したとき、どのようにして祝いますか？」という質問も加えたいと思います。脳は目標設定には肯定的で、その際には、前頭前皮質で「探求する化学物質」のドーパミンが放出されるからです。

個人的な目標を設定すると、目先の欲求に対して我慢する力についても理解することになります。この概念は、低学年でも受け入れられますので、思春期に至るまでに強化していく必要があります。自分の目標について絵を描いたり、イメージを見つけるなどして視覚的に示したり、目標を達成するための段階を書きだしたりする（または、絵や写真で表現してもらう）ことによって、目標達成までの道のりにおいて自分がどのあたりにいるかを認識しますし、目先の欲求を我慢することについても理解しやすくなります。

---

(10)「目的を定め、それを達成するために、自分のもつ思考や感情や行動を、動かしたり、調整したり、抑制したりするプロセス」のことです。このため、実行機能は「脳の取締役」と呼ばれています。脳機能をオーケストラにたとえて、「知覚」、「感情」、「思考」、「行動」の指揮をとる「脳のオーケストラ指揮者集団」とも呼ばれています。https://ujpdb.com/archives/16039 を参照しました。

グループになって活動する場合には、各グループで目標を設定することが個人で目標を立てるときのよい練習になるでしょう。グループでの目標は、書きだすことが望ましいですが、必ずしも公開する必要はありません。その代わりに生徒のノートに目標が書かれてあれば、教師が目標に向けた進捗状態を確認することができます。

三 一人ひとりの生徒に物語がある

衝動を抑え、ストレスを管理し、自制心や自発性を育て、目標設定や計画性を培うサポートをしていくなかで、生徒には困難を乗り越え、成功していく有意義な経験をしてほしいと願っています。私たち教師の発言や行いすべてに結果がつきまといます。生徒のすべてについて詳しく分かっている必要はありませんが、生徒自身をありのままに受け止めること、生徒が安心でき、共感することのできる信頼関係を築くこと、そして生徒がより良い人生を歩めるように教師として努力する必要があります。

子ども時代の逆境的体験（ACE）（一二六ページ参照）を抱えている生徒には、人生において有意義な経験をしていくために助けが必要です。**表4－2**は、自己管理ができていない場合について想定される状況と望ましい対応を示したものです。

表４－２　想定される状況と望ましい対応

想定される状況	望ましい対応
クラス全体が大きなストレスを抱えているように感じる。	習慣や決まった手順を増やし、予測可能性を高めるとともに「90秒ルール」を実践しましょう。
クラスにストレスやトラウマを抱えている生徒がたくさんいる。	マインドフルネスを実践し、ストレスボールを使い、呼吸法の練習をしましょう。
生徒が課題を期限までに提出していない。	どんな原因で課題に取り組めないのか話し合い、必要に応じて内容に関するサポートをしましょう。また、時間管理について話しましょう。可能であれば、落ちつける場所で過ごす時間を設けましょう。
生徒が話を聞いていない。	よく聞くとはどういうことかを確認し、集中し直す時間や場所を与えましょう。
生徒が集中していない。	集中力を保つために、脳の休息時間があるかどうかを見直します。
生徒がストレスを感じていて、頭が働いていない、または参加できていない。	数を数え、深呼吸し、何かを握る「CBS」(注１)を試したり、学校や教室の落ちつける場所に行ったりするようにしましょう。生活で「クマ」と戦っている場合であれば生徒は集中できないので、要注意です。
試験や課題、プロジェクトで力を発揮できていない。	試験やレポート、プロジェクトがあるときには、体内のコルチゾールが増え、生徒のストレスレベルが上昇することを認識しましょう。生徒が恒常性(注２)を取り戻し、バランスのとれた状態に戻るには24時間かかることを念頭に置きます。生徒が落ちつけるように、誰かと話す機会を設けたり、呼吸法を実践したりしましょう。成長マインドセットの大切さを思い起こさせます。

（注１）135ページを参照してください。
（注２）14ページを参照ください。

第5章

社会認識を高める

脳は、生存を第一に考えたうえで、
他者とのつながりを強く求めています。

（ジョン・メディナ）*

（*）3ページを参照してください。

アニカは、七年生がはじまる直前に引っ越してきた転入生です。生徒はすぐに彼女を受け入れたようで、一緒に登下校したり、この年代の子どもたちにとっては気がかりな昼食のときにも、アニカの席をとっておいたりしてくれました。アニカは内気な生徒でした。自分の名前が一風変わっていて、発音しづらいと思っていたので、新しい場で気が引けていたようです。

ハロウィーンのダンスが近づいたころ、アニカの母親がビートニク(1)風に、赤いタイツに白いズボン、白いトレーナー、そして赤いベレー帽を用意しました。赤はアニカのお気に入りの色で、よく似合っていました。カフェテリアに入ったときのみんなの反応から、自分が素敵だと思われている、とアニカ自身も感じていました。

アニカは何人もの男子生徒からダンスに誘われたほか、行事を監督する八年生の担任であるウォレス先生も慣習的にアニカを誘いました。先生はアニカに、「友だちはできたか?」とか「学校やクラスについて何か質問はあるか?」など、学校生活について尋ねました。

アニカは、パーティーの華となっているように感じながらおしゃべりをしました。学校はうまくいっているし、友だちも親切なので、すべて順調だ、と話しました。そしてアニカは、友だちの秘密、少なくともグループ外の人には知られたくないことを話しはじめました。

普段、アニカはそんなにおしゃべりなほうではありませんが、話は止まらず、先生が知るべきではないことまで話してしまいました。ウォレス先生は話題を変えようとしましたが、アニカの勢いは止まらず、誰が誰を好きだとか、友だちに秘密で誰かが何をしているとか、あらゆることを思いつくままどんどん話しました。ウォレス先生は、アニカの話を抑えようとして自分の声を落としましたが、どうにもできませんでした。

アニカはさらに高揚してしまい、ダンスが終わると友だちのところへ行って、先生とどんな話をしたかについて話しました。アニカは、自分がいかに不適切なふるまいをしているのか思いも及びませんでした。これが、アニカが友だちから信用を失った理由でした。

社会認識とは、さまざまな環境や文化にいる人びとを含めて、他者の立場で考えて共感することです。ほかの人がいる部屋に入り、状況や人の心の状態を察し、話しかけるかどうかを判断したうえで声をかける場合は、何をどのように話すべきかが分かるということです。本章では、社会認識の重要な要素となる「共感」、「他者の立場で考えること」、「他者に敬意を示すこと」に着目していきます。これらは、アニカに欠けていたスキルだといえます。

繰り返しになりますが、共感することはとても重要で、その力を高めるためには感情を表す言葉を学ぶなど、第2章で取り上げた方法が役に立ちます。適確に感情を表現する言葉をたくさん

（1）　一九五〇年代〜一九六〇年代にアメリカの文学界で異彩を放ったグループやムーブメントの総称です。

もっているほど、他者の感情を認識し、理解することができ、対応の仕方も分かるようになります。感情を表す言葉を壁に掲示し、生徒が理解できるように促しましょう。

感情を表す言葉を使えるようになるために、すぐに使えるゲーム方式を取り入れてみましょう。文字（アルファベット）を指定して、その文字からはじまる言葉をできるだけたくさん挙げるというものです。(2) また、昼食をとるために生徒が食堂に並んでいるときに、「怒りの感情を表す言葉を五つ挙げてみて！」と言うのも一案です。

もちろん、感情を表現する言葉が掲示されたポスターなどを見てもかまいません。「いら立ち」、「失望」、「ムッとする」、「激高する」、「激怒する」といった言葉に慣れることが目的ですので、これらの言葉を発するだけでも話のきっかけになります。

次のリストは、生徒の社会認識を高めるために教える必要があるものです（教師の役目の多さに打ちのめされて、ため息が出てしまったでしょうか？）。

・自分自身と他者の感情を理解すること。
・感情についての情報をもとに思考と行動を導くこと。
・他者の考えや感情、意欲に気を配れるようになること。
・ある状況について、他者がどのように思うのかについて理解すること。
・社会的かつ倫理的な行動規範を理解すること。

・家庭や学校、地域社会の資源を認識し、どのようなサポートが受けられるかを知ること。
・文化的アイデンティティーを知り、文化的な違いを理解すること。

生徒はみんな、自分と他者の行動について理解しようとし、人とどのようにかかわればよいのかと考えています。感情を理解したり、解釈する力が生徒にない場合、生徒は学校を「手に負えないところ」だと感じてしまいます。しっかり社会認識ができる生徒は環境に適応しやすく、他者の立場に共感し、問題行動を起こすことがあまりありません。また、クラスメイトと建設的なコミュニケーションができ、問題が起きた場合でも解決することができます。

生徒の多くが社会認識のスキルをもちあわせている場合は、ほかの人の話をしっかりと聴いたり、人とのつながりを深めるための手助けを教師がすれば、生徒の社会認識のスキルをさらに高めていくことができます。生徒は、言葉以外の感情を示すサインを読みとり、人の考えや感情、そして意図を理解できるようになる必要があります。さらに、人間関係がどのようにして成り立っており、どのようにすればお互いのかかわり方を深めていけるのかについても学ぶことが大切です。

（2）　日本語だと難しいかもしれませんが、ア行、カ行などから試してみてください。

三 脳の中の社会認識

脳の下頭頂小葉は、親近感や他者との距離（階層や人種・民族、性別などによって異なります）や、他者の立場を読みとる領域です。また、内側前頭前皮質は、他者と自分の社会的関係性を読みとります。そして小脳は、人間関係上のシグナルの解釈を助け、人の精神状態や感情を理解するために働きます。人間関係上のシグナルとは、コミュニケーションの意図や韻律《いんりつ》（抑揚、声の高さ、大きさなどの話し方から、コミュニケーションの意図を知るカギとなります）、目線、表情、体の動きなどです。［参考文献127］

後部上側頭溝（pSTS）は、脳の右側、耳の後ろにある領域で、表情を認識します［参考文献132］。そして、側頭頭頂接合部は他者について考える領域で、前頭葉にある下前頭回は、信念や現実など抽象的な概念について考える領域です。これらはいずれも社会認識にかかわっています。

子どもが共感し、言葉以外のサインを読みとり、他者の思惑と自らの考えは必ずしも合わないものだと認識するといった経験を通じて（大小にかかわらず日常生活における他者とのかかわりあいを理解するにつれて）脳が発達し、これらの領域のつながりが強化されていきます（**図5−1**参照）。［参考文献104］

図5－1　脳の中の社会認識

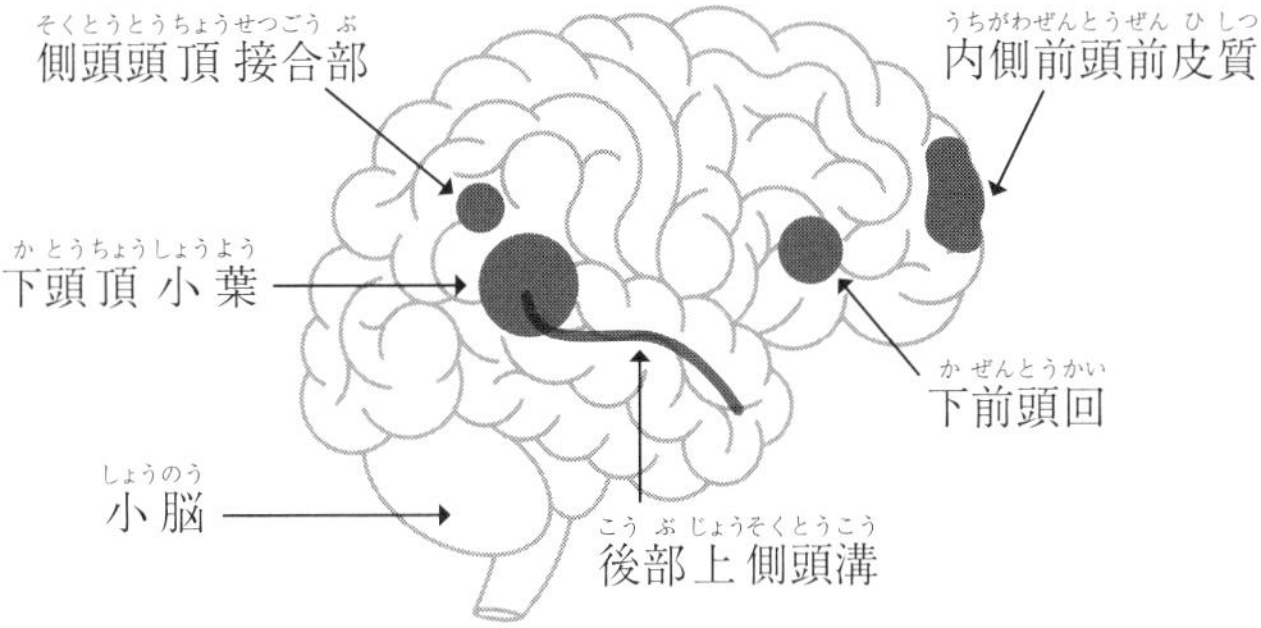

ある研究で、エンドルフィンとドーパミンが、友情や社会的なつながりを促進するうえで重要な役割を果たすことが示されました。エンドルフィンにはリラックス効果があり、親しみやすく、役立つようにふるまえるといった働きがあります。一方、ドーパミンは、友人とうまくつながりをつくることに関連しています。［参考文献108］

第3章では、自己認識に焦点を当てながら内側前頭前皮質に働きかける方法を紹介しました。自己認識と社会認識は、脳内においていくつか共通の領域を活性化させます。これは、他者の感情を理解するためには、まずは自分の感情を知る必要があるため理にかなっているといえます。本章では、社会認識をつかさどる脳領域を活性化する方法について取り上げていきます。

人と接する状況ではドーパミンが主要な役割を果たすことを念頭に置き、ドーパミンが放出される機会をつくるように努めましょう。ある心理学者は、「遊び」を感情と定義しています〔参考文献105〕。これについては多くの人が疑問に思うかもしれませんが、「遊びは社会的な喜びをもたらすもの」と捉えることができます〔参考文献68〕。それゆえ、学校での一つの活動として、成長段階に応じてさまざまな形で「遊び」を取り入れることを考えるべきです。生徒は「遊びは楽しいものだ」と考えるので、遊びを取り入れることでドーパミンが放出されるのです。そして、幸福感に関連するときにはエンドルフィンも放出されます。

三 社会的なスキルと規範

社会認識を育むうえでは、社会規範を理解し、それに従うことが重要となります。「向社会的行動(3)」とは他者を利する行動のことで、個人的利益（私利私欲）によって突き動かされないことを意味します。社会的なスキル（「向社会的スキル」とも呼ばれています）は、多くの場合、教師が学校や教室で設ける規範を通して培われます。

規範は、すべての生徒がかかわり、参加していくなかでつくられるべきものです。教科や内容によって異なる規範が必要なこともあります。私の授業（国語）では、読む時間に従うべき規範と書く時間(4)に従うべき規範があります。その日の予定によっては、別の規範が必要とされるときもあります。私は生徒に、「学びが深まっているときの文学の授業って、みんなにはどのように見えて、どのように聞こえているのでしょうか?」と尋ねています。

中高生とともに規範をつくっていくときには、「私たち」について言い表す形容詞を考えてもらうようにします（「私たち」に注目してください。規範をつくるには、すべての生徒に向けてメッセージを発することが大切で、所属意識を感じられるようにする必要があります）。なお、読む時間における規範用語のリストとしては、「集中している」、「静か」、「電子機器がない（タブレット端末を使って読まない場合）」、「みんなが参加できる」、「落ちついている」、「不安がない」、「積極的に聴く」、「協力する」、「夢中になっている」などが挙げられます。

生徒に、「グループワークが上手くいっているときは、みんなにはどのように見えて、どのように聞こえているでしょうか?」と尋ねると、グループで課題に取り組む際にもっとも重要な規範を決めることができます。(5)

---

(3)「他の個人や集団を助けようとしたり、こうした人々のためになることをしようとしてなされた自主的な行為」のことです。https://www.suzuka.ac.jp/wp-content/uploads/2020/03/11kiyou_saito-1.pdf を参照してください。

(4) 具体的には、話したり、聞いたりするときの規範が考えられると思います。これらについて興味のある方は、『イン・ザ・ミドル』、『最高の授業』、『学習会話を育む』などが参考になります。

(5)「グループワーク」を「会議」に置換すると、そのまま教職員用として使えます！　これで、職員会議がガラッと変わるはずです。まずは教師が実践しないと、効果的な実践を生徒に提供することはできません。

常に「集中している」という言葉は出てきますが、グループで活動しているときに「静か」という言葉は出てこないでしょう。小学生には、「静かにする」、「お互いを尊重する」、「共有する（分かちあう）」、「準備ができている」、「パーソナル・スペース（個人の空間）を侵さない」などの規範が挙げられます。「教室の決まり」と呼ぶよりも「規範」と呼ぶことで、何をすべきかを指示するだけでなく、どのように行動すればよいのかを肯定的に表現することができます。

ここまでに述べた以外にも、教室や学校ではいろいろな規範を取り入れることができます。重要な点は、生徒が「向社会的」になれるような規範をつくり、実際に使っていくことです。事前に何をすべきか、どのようにふるまうべきかが分かっている状態は、学校内外において生徒の役に立ちます。

三 人間関係から生じる苦痛

社会認識には「社会的地位の認識」がまとわりついてきます。どの教室にも「階層」というものが存在します。生徒の人間関係にとって、現実的もしくは潜在的な脅威となる「派閥（〜派）」、「（〜）グループ」と呼ばれるものはいつでも生まれる可能性があり、これらが苦痛の原因となる場合があります［参考文献93］。研究によると、人間関係から生じる苦痛と身体的な苦痛は脳の同じ領域で認識されています。身体的な苦痛に反応する脳の領域については昔から知られていましたが、人間関係に起因する苦痛を感じる脳の領域に関しては最近明らかになりました。

人間関係による苦痛を表現するときにも、「心が傷ついた」、「胸が締めつけられる」、「心にしこりを残す」などといったように、身体的な苦痛を表現する言葉と同じものを使うというのは興味深いことです。動揺した生徒が「頭が痛い」もしくは「お腹が痛い」という状況に置かれたとき、その痛みは本当のものです。しかし、その痛みは身体的なものではありません。

恋人同士であったスージーとジョニーが別れるときには、どちらかの、もしくはお互いの心が傷ついてしまいます。足を骨折したときのように痛むのです。それを立証するかのように、痛み止めの薬に使われているアセタミノフェンによって悲しみの感覚が弱まることが分かっています。

［参考文献93］

生徒は、他者から拒絶された場合に苦痛を感じることがよくあります。仲がよさそうに思えるクラスでも、昼食時に望んだ席につけなかったり、登校中に無視されたり、運動があまりできなかったりすると、その生徒は苦痛を感じてしまいます。そして、苦痛を感じるために脳の負荷が大きくなり、認知的スキルがフルに稼働できなくなります。通常、作業記憶では、意思決定をしたり、答えを導いたり、その他の高次の思考が行われますが、苦痛を感じているときには作業記憶の働きが遮断されてしまうのです。

「社会的階層」が初めて生じる学年はいつか、という質問に対する答えは、「幼稚園の年長組」というのがもっとも多い回答です。私には信じられませんでしたが、五歳になる孫娘のエミーが学校から帰ってきて、「ソフィアの誕生日会に呼ばれなかった」と言って泣いていたとき、すでに社会的階層が生まれていると実感しました。

ソフィアは教室で招待状をわたしていたようですが、この行為は通常、クラス全員を招待するときのみに許可されるものです。「時間が解決してくれる」と、エミーの母親は言いました。この発言は、たいていの場合「正しい」といえます。誕生日会に招待されなかった子どもたち、さらに「グループ」に入れない子どもたちのほとんどは、立ち直って、夢中になれることを別に見つけだします。しかし、そうでない場合にはどうなるのでしょうか？

脳内では、目標を達成するときや、単に「よいこと」をして褒められるときに加えて、社会的重要性や称賛を感じるときにも神経伝達物質のセロトニンが放出されます［参考文献78、125］。セロトニンが放出されるうえにおいてカギとなるのは、認められることと所属意識です。拒絶されるとセロトニンのレベルが下がり、ストレスを感じたり、よくない選択をしてしまう場合があります。

中高生には、「運動ができる」、「勉強ができる」、「人気者」、「社交的」、「ゲーム好き」などといった、数えきれないグループが存在しています。グループには、性格の異なる「クリック」や

「派閥」と呼ばれるものがあります。

クリックとは、同じスポーツをしたり、音楽や演劇に参加したりして、何か共通のことで意気投合するといった友情関係に基づくグループのことです。このグループのメンバーは、常に一緒にいるわけではありませんが、共通することに関してはお互いに助けあっています。

一方、派閥とは、力関係と性格に基づいてつくられるものです〔参考文献72〕。派閥内での親密性は高いかもしれませんが、自分がいつ派閥から「外れる」ことになるのかが分からないため、クリックにいる生徒よりも大きな不安を抱えた状態となっています。

生徒には、趣味や得意なことをともに楽しみ、伸ばしあい、感情的な必要性を満たしあう社会的な輪、つまりクリックに属してほしいと私は考えています。

生徒との会話では、いつにおいても友人関係に関する話題に触れることが効果的です。私は、生徒の社会的つながりを図に表していました。「ソシオグラム」と呼ばれるもので、学年の初めと半ばにつくりましたが、友人関係が続いているかどうかを確認することができるほか、生徒の感情的な満足度について貴重な情報が得られました。また、七年生の生徒とは、『アウトサイダーズ』（S・E・ヒントン／唐沢則幸訳、二〇〇〇年、あすなろ書房）という本を使ってクリックや派閥について探究しました。

三 感情の伝染

第2章で述べたとおり、誰かが何らかの行動をするのを目にしたときや他者の感情を経験するときに脳内のミラーニューロン系は働きます。ミラーニューロン系により、感情は伝染するものとなります。

ある大学の授業では、チョコレートを使ってこの働きを体験させています。まず、学生にチョコレートを見せ、教授が一つ食べて味わいます。そして、学生は、見た様子と、それによって自分のなかで起きていることについて表現します。ここでは、教授と同じ感情、つまり嬉しさや身体的な反応を学生自身が感じていると理解することが目的となっています。つまり、涎《よだれ》が出てきそうか？　自分もチョコレートを味わっているように感じるか？　といったことを知るための実験です。この授業では、他者の行動や感情に自分がどのように影響されているのかについて知ることができます。［参考文献42］

別の観点から考えれば、教師が楽しんでいるときは、生徒がその楽しさを感じとって自分も楽しいと感じることがあります。反対に、教師がイライラしていると、近くにいる生徒の感情にまで影響を及ぼしてしまい、脳の状態を変えてしまうということです。

社会認識とは、他者の感情への気づきを意味するだけでなく、他者の存在によって自分の感情が左右されること、そして教室や学校という社会では、ミラーニューロン系を通して、生徒も教師もお互いの感情から影響を受けあっていることを理解する必要があります。生徒自身が脳の調節方法を見直すことが大切となりますので、実践しやすい方法を掲示しておくというのもよいでしょう。

「誰かが負の強い感情を経験しているときに、どのようにして自分自身の感情を調節するのか?」、そして「その人を助けることができるのか?」などについて、生徒と向きあうために教師自身が実践していることを伝えてみましょう。たとえば、クラス全体で脳の休憩時間をとる、落ちつける場所に行く、もしくは、ある生徒の感情を認めるような言葉をかける（ここでは共感が大切になります）、などが考えられます。

また、感情を認める発言と否定する発言について生徒が考えるといった機会を設けましょう。たとえば、怒っている生徒に、「過剰反応をしているね」と言うか、「イライラしてしまうよね」と声をかける場合のどちらが感情を認めているのかについて考えることが練習となります（七一ページに掲載した「不適切な言い方」と「より好ましい言い方」を参考にしてください）。

さらに、学業面でも生徒同士のつながりを見いだし、授業の一環として、感情の伝染を定義、および表現することもできます。国語の授業において、他者の感情に影響を及ぼしている登場人物について話し合うことや、歴史の授業で重要な人物（アドルフ・ヒトラー、アブラハム・リンカーン、フィデル・カストロ、ジョン・F・ケネディなど）の感情がどのように他者に影響したのかについて話すというのも一案です。

そのほか、理科の授業では、何度も実験に失敗しながらも難題を乗り越え、飛躍的ともいえる発明を成し遂げた科学者について話し合うことができるでしょう。科学者の感情は、他者にどのような影響を与えたのでしょうか？ 数学者の貢献が取り上げられることは稀ですが、アラン・チューリング（Alan Mathison Turing, 1912~1954）は特筆すべき人物です。コンピューターの発展に寄与したチューリングの発見を取り上げることで、生徒は自分と関連づけて考えることができるでしょう。チューリングが、自身の功績が現代の日常生活に影響していると知ったらどのように感じるでしょうか？

前述のチョコレートを使った授業から生徒は、社会認識にどのようなことが含まれるのかを感じとります。授業において感情の伝染や社会認識のほかの側面について示せば、生徒の印象に残りやすくなります。このようなアイディアを授業内容に盛り込んで社会認識の概念に関する理解を深め、さらに感情を取り入れることで記憶に残りやすくなります。

三 共感の役割

社会認識に必要となる力からも共感の重要性が浮き彫りになります。共感することは習慣化されるべきもので、私たちの価値観と規範の一翼を担います。だからといって、毎週金曜日に三〇分間共感する練習を行う、ということはできません。第2章で取り上げた共感に関する情報は、社会認識のいかなる側面でも取り入れることができます。

共感できる生徒は、他者のニーズを理解します。生徒がともにより良く学んでいくためには、あらゆる場面において他者の立場に立って考える必要があります。表情やジェスチャーを理解し、よく聴く力を発揮することができれば、生徒は他者を理解し、一緒に取り組み、遊びがより豊かなものになります。

「受けるよりも与えるほうがよい」という言葉があるとおり、神経科学の分野では、与えることで脳の報酬系が活性化することが分かっています。人が自分に好意的なとき、敬意を払われるとき、やさしくされるときにはよい気分になり、人に対して手助けができるときにも気分が高揚します。［参考文献93］

三年生を担任していたジェーン・エリオット（Jane Elliott）先生が一九六八年に開発した『青

い目と茶色い目』のロールプレイを使って、共感について教えたことがあるという教師もいるでしょう。

『青い目と茶色い目』が初めて行われたのは、マーティン・ルーサー・キング・ジュニア牧師（Martin Luther King, Jr. 1929～1968）が暗殺された翌日です。生徒は、事前にキング牧師の人生について学んでいたのですが、なぜ殺されなければならなかったのかについては理解できませんでした。生徒が事件について理解し、考えられるようにロールプレイが考案されました。

『青い目と茶色い目』では、目の色に応じて生徒を二つのグループに分け、片方のグループは優秀なので優遇措置を受けるといわれます。優秀とされたグループは、課題に取り組む時間やご褒美、休み時間、列の順番など、あらゆる面において優遇されます。もう一方のグループは、水飲み場から水を飲むことや用具の使用が制限されるなど、優遇措置を受けることができません。

たいていの場合、優遇されたグループはより幸せを感じ、課題に対してもよく取り組みます。優遇されるグループを交代して同じことを繰り返し、生徒が感想を話し合います。なかには、優遇措置を受けない友人を目の当たりにして、すぐに共感を示す生徒もいるでしょう。このような経験を通して嫌な思いをすることによって、学校や家において、生徒のなかに明らかな変化が生まれます。［参考文献11］

髪の毛の色でグループ分けをし、同じような活動を行ってホロコーストについて教えることもあります。どちらの活動もとても強い影響力があり、感情的に反応する生徒がいるということを念頭に置いてください。実践するときには、一人ひとりのバックグラウンド（生い立ちや家庭環境）を知っておくことが大切となります。

三　社会認識を高める方法

生徒の社会認識を高めるには、話の聴き方、クラスメイトの体験を共感する方法、クラスメイトにフィードバックをする方法について学ぶ機会を設けることが有効となります。社会認識に関するスキルを教え、モデルで示したうえで、クラスメイトに意見の根拠を尋ねるときにはどのようにすべきかについて教えていけば教科学習の会話も促されます。(6)

このような取り組みを行うと、分析力や思考力、読解力を伸ばすだけでなく、意見の相違に対応し、建設的な会話を行うなど社会的スキルの向上にも寄与します。そのため、講義形式の授業ではなく、生徒同士の話し合いを促しましょう。正解にたどり着くことを目的とせず、戦略的思

(6)　これらのスキルの身につけ方について詳しくは、『学習会話を育む』、『最高の授業』、『好奇心のパワー』、『ピア・フィードバック』を参照してください。

考を重視し、有意義な失敗を通して学ぶ機会を提供すれば、高次の思考とともに社会的スキルを伸ばしていくことができます。次に示すような方法が、社会認識を高めることにつながります。

ほかの人から受けたようにほかの人に与える

学校や地域社会で人の役に立てるようにしたり、お互いの違いを尊重できるように仕向けることで、生徒は社会認識を高めていきます。メンター制度をつくって、高学年の生徒が低学年の生徒をサポートできるようにするのも一案です。後ろの人のためにドアを押さえておく、近所の人の買い物袋を持ってあげる、冬に雪かきをする、また家事を手伝うことは、すべて社会認識を向上させるために役立ちます。

人の役に立つことを目指す活動を取り入れる際は、適宜教師や仲間からのフィードバックが重要となります。自分の行いが人の役に立っていて、よい影響を及ぼしているという肯定的なフィードバックを適宜受けると、さらに率先して取り組むようになります。

話し手の鉛筆

この活動は簡単に話し合いを促す方法で、次のように行います。

❶生徒を四人一組のグループに分けます。

❷教師が質問を投げかけ、生徒がそれぞれの意見を述べます。意見を言う生徒は、グループの中央に自分の鉛筆を置くようにします。

❸話し合いを促すために「私は自分の考えが正しいと思います。なぜなら……」や「私は○○の意見に賛成します。なぜなら……」というような定型文を提示します。

❹一人目の生徒が話し終えたら、次の生徒が自分の鉛筆を中央に置き、「ありがとうございます。私はあなたの述べたことに反対ではありませんが、○○についてはどのように思いますか？」、あるいは「私はあなたの意見はよい（一理ある）と思いますが、反対します。理由は……」と続けるようにします。

このような定型文を使うことで生徒は、お互いの意見の違いを認めながら、やさしく話し合いができる方法を学んでいきます。教室を回って、生徒同士のやさしい言い方に耳を傾けてみましょう。

考え&感情聞かせ

「考え&感情聞かせ」という名称には違和感があるでしょう(7)。しかし、社会認識を高めるためには、考えや感情を声に出して表現する必要があります。文章の一部を教師が読んでいる場合、教師の思考過程を聴くことを通して生徒は意味の組み立て方について学ぶため、必然的に読む力も鍛えられます。

ＳＥＬのなかで社会認識を育てるためには、とくに対人関係において、教師が予測や理解、結論の導き方を言い表すことが有効となります。学びはすべて感情的なものです。グループワークは社会的なものであり、感情的なものでもあります。生徒がペアやグループで取り組む際、ほかのメンバーの感情に気づけば気づくほどよい関係が築かれていきます。人間関係がもっとも大切なのです！

ペアになって課題に取り組むときは、教師が一方の生徒の思考過程を言葉に表現し、パートナーのニーズに集中できるようにするとよいでしょう。たとえば、次のように思考過程を表現します。

「デボンが課題に集中できていないようです。その原因を尋ねるべきでしょう。デボンは、課題を終わらせるのに時間がかぎられていることは分かっているようです。最終的な提出物には絵を描くようにと提案して、最終成果物をイメージしながら考えはじめることができれば、この課題はもっと楽しいものになるかもしれません。私自身、絵を描くことが好きなのですが、デボンが好きかどうか探ってみます！」

このように、パートナーに対する思考過程を表現することは、デボンの感情への思いやりを示することにつながります。そして、パートナーが自分の感情を理解しようと努めていることが認識できれば、ペアでの課題に取り組みやすくなります。さらに分かりやすい形で「考え&感情聞かせ」について教えたい場合は、次のようなステップを試してもらうのもいいでしょう。

❶パートナーの意欲を考える。
❷パートナーが集中できるように、サポートする方法を考える。
❸課題やプロジェクトに取り組むときには、常にパートナーの感情に気を配る。
❹自分たちの取り組みや成果がよいと感じるときには、それをパートナーに伝える。
❺このやり取りから、自分の社会認識についてふりかえる。

私たちが担うたくさんの役割

人にはさまざまな役割があります。生徒にそのことを理解してもらうためには、次のような方法があります。

教師自身が担っている役割を記した紙を体のいろいろな場所に貼りつけて、教室に入ります。

（7）原書では「Think-and-Feel-Alouds」が使われています。「読み聞かせ」はRead-Aloudですから、Think-Aloudは「考え聞かせ」、Feel-Aloudは「感情聞かせ」となります。考え聞かせのやり方については、『読み聞かせは魔法！』の第三章を参照してください。

たとえば、母親、妻、教師、生徒、妹、娘、チアリーディングのコーチ、生徒会のアドバイザー、ブリッジの名手、愛読家などの言葉が書かれた紙を体に貼りつけて教室に向かいます。

生徒が教室に入ってきたら、その紙については何も言わなくても、おかしそうに教師を見てすぐに質問するでしょう。ひょっとしたら、紙を取ろうとする生徒がいるかもしれません。そのとき、「紙に書かれた役割の一つ一つが私自身の一部なのだ」と話します。「時には母親、時には教師、時には友人として接し、考え、感じています。そのすべてが私を形づくるものなのです」と、伝えます。

私と同じように、生徒にもさまざまな役割があります。この方法では、生徒が名札やマスキングテープに自分の役割を書き、時間があれば、体に貼りつけて教室を歩きながら役割を読みあげていきます。生徒にとっては、自分自身について気づく機会となり、さまざまな役割について感じていることが話し合えます。

これは、社会認識についての話し合いとなります。私たちはお互いに学びあい、生徒は生徒であるとともに、場合によっては教師にもなることを伝えましょう。

この活動を行ったあとに教室で、生徒がどのような役割を果たし、どのような役割を期待されているのかについて伝えましょう。たとえば、授業中に私語が聞こえてきた場合は、「今のあなたの役割は私の生徒ですから、授業に集中してください」と伝えます。

クラスメイトの名前を呼んで挨拶する

挨拶をするときに生徒の名前を呼ぶようにすれば、生徒も同じようにクラスメイトの名前が呼びやすくなります。もし、名前を呼ばれることに慣れていなければ、初めのうちは気まずさを感じるかもしれません。しかし、教師が生徒を名前で呼んでいる場合は、生徒の脳がその方法を認識します。「誰にとっても、お気に入りの言葉は自分の名前だということを知っていましたか？」と、生徒に尋ねてみましょう。

私自身は小さいころから自分の名前が嫌いでしたが、自分の名前を耳にするのは、聞きなれた心地よい音楽が聞こえてくるようなものだ、と生徒には伝えています。実際のところ、自分の名前を耳にすると、脳の特定箇所が活性化するという研究があります［参考文献27］。このときに活性化する脳の領域は内側前頭前《うちがわぜんとうぜん》皮質《ひしつ》で、ここは自己に関連づける働きをしているところです（一六〇～一六二ページ参照）。

この領域は、他者の所属意識や絆と直接つながっているものだと生徒に伝えましょう。そして、友だちと会ったときや話しているときには、クラスメイトの名前を呼ぶように、とすすめましょう。「こんにちは、調子はどう？」と話しかけるのではなく、「ケイトリン！　調子はどう？」と聞くようにしましょう。名前を呼びあうことで会話が促されます。

ボディーランゲージ

授業中にジェスチャーを取り入れると、授業内容が記憶に残りやすくなることが分かっています〔参考文献32〕。話し手のボディーランゲージに気づくと、言語化された言葉には含まれていない情報を読みとることができます。たとえば、「昨日釣りに行って、魚を二匹釣ったんだ」と言うとき、ジェスチャーなしでも情報は伝えられますが、話し手が手を広げて魚のサイズを表現したら、同じ言葉でも聞き手にとってはより興味深いものとなり、より多くの情報が伝わります。

このように、体の動きやジェスチャーに目を向けることで生徒は社会認識を高めていくことができます。もし、生徒が怒りや恐怖を感じているときにはボディーランゲージが変わります。ボディーランゲージとはどのようなもので、どのような役割があるのかについて話すことは、すべての学年において有意義であり、体からの情報が追加されれば会話が広がります。

授業中にボディーランゲージを強調して、生徒に見てもらい、体の動きが何を「言っているのか」尋ねてみましょう。生徒にも、できるだけボディーランゲージを使ってもらい、クラスメイトのボディーランゲージを観察するようにと促しましょう。

人間観察――表情

ある感情に対して、すべての人が同じ表情をするわけではありません。いうまでもなく、人によって表情の表れ方が異なります。しかし、それぞれの感情に対する基本的な表情について話し合い、表情からその人が感じていることがどのように伝わるのかについて考える必要があります。

私たちは、人の表情を一瞬で認識しているかのように結論を導きだしています。実生活、もしくはいろいろなメディアを用いて人を観察し、人の表情について話し合ってみましょう。表情からどんな感情が読みとれるのか、答えが明確でない場合には推測させ、学習内容に取り入れていきましょう。教科の学習で取り入れる場合には、次のような例が考えられます。

国語——『シャーロットのおくりもの』でシャーロットが死んだとき、ウィルバーはどのような様子でしたか？　その箇所を読んだとき、あなたは何を考えましたか？　『ソフィーの選択』（ウィリアム・スタイロン／大浦暁生訳、新潮社、一九九一年）でソフィーが選択を迫られたとき、どのような表情をしていましたか？　著者は、繊細な情報（登場人物が何を言い、どのようにふるまっているのか）から、登場人物について読者が理解できるように工夫をしています。

歴史——ウォータールーの戦い（Battle of Waterloo）で、ナポレオン（Napoléon Bonaparte, 1769～1821）はどのような表情を浮かべていましたか？

理科——ウィリス・キャリア（Willis Carrier, 1876～1950）がエアコン（空調）を発明したと気づいたとき、どのような様子だったでしょうか？　夏の暑い日、外出先から空調の効いた部屋に入ったとき、あなたはどのように感じましたか？

数学——計算過程をきちんと記して問題を解き終え、課題をやり終えたとき、あなたはどのような様子でしょうか？　問題がきちんと解けたと分かったとき、あなたはどのような表情を浮かべていますか？

教科にかかわらず、ジャーナル（九四ページを参照）に書くテーマや短い作文の課題として次のようなことを取り上げるのもよいでしょう。

・友だちが悲しい、もしくはうまくいかない日を過ごしているとき、どのように気づきますか？
・誰かが「いつもどおりにふるまえない」とき、どのようにして助けますか？
・仲間であると感じてもらうために、どのようにしますか？
・仲間意識を高めるには、どのような方法がありますか？
・人の考えや感情を理解することが、なぜ重要なのでしょうか？

ソーシャルメディア

ソーシャルメディアが生徒にとって大きな存在となるなか、ＳＥＬ、とりわけ共感の重要性が高まっています。インスタグラム、フェイスブック、スナップチャット、ツイッターなどのプラットフォームを通じて数えきれないやり取りが行われています。テキストメッセージ（ライン）やEメールも忘れてはいけません（Eメールは生徒にとって魅力的なものではなくなりましたが、まだ使っている生徒もいます）。しかし、生徒はソーシャルメディアの危険性をきちんと認識しているでしょうか？

顔の見えない相手とのやり取りは、危険な状態に発展する可能性があります。表情や声の調子、ボディーランゲージから伝わる情報がない場合、書かれたメッセージに誤解が生じやすくなります。ソーシャルメディアでのやり取りでは、すべての生徒が次に挙げるような社会規範について共有する必要があります。［参考文献79］

・自分自身と自分の情報を守る。
・利用にあたって他者に敬意を払う。
・自分の「勘」を信じて、安全な場にとどまる。
・ネットいじめに立ち向かう。
・メディアに向かう時間とほかの活動とのバランスをとる。

一方、中高生に対しては、友人の写真を撮り、ソーシャルメディアで公開したいときには次のことを自問するようにと伝えましょう。

・写っている友人は、写真の公開に同意するだろうか？
・友人が問題に巻き込まれたり、騒動が生じる原因になったりはしないだろうか？
・誰もが写真を見ることができ、第三者も共有できると分かっているだろうか？
・自分の祖母に見せられるような写真だろうか？
・一年後でも、公になっていることを快く受け止められるだろうか？

何か恥をかくようなことが起きたら、それが何日間か話題に上り、からかわれる対象になるということはこれまでにもよくありました。

恥をかくことで、そのときには心が傷つきますが、だからといって永遠につきまとうわけではありません。しかし、今の時代、オンライン上では生徒の人生について回ってしまうような状況になっています。転んだり、怒ったり、キスしたりしている画像、さらに絶望的な画像がネット上にさらされてしまえば、怒りや自制を失うことはいうまでもなく、恥や罪悪感を生みだしてしまいます。

普段から、教師が生徒に思いやりのある行動について教えていけば、このような状況を防ぐことができます。そして、ソーシャルメディアが特別な力を与えるものではなく、友だちと交流し、世界について学び、特別なニーズをもっている人が実際に他者とかかわれないときに役立つ方法であると、幾度となく生徒に想起させる必要があります。これについて、ある記事では次のように述べられていました。［参考文献17］

オンライン・コミュニティーの多くではフィードバックや対話が促されていますが、まず生徒が、フィードバックや対話をする方法について、人との直接的なかかわりを通じて学ぶことが必要です。

教師は、相手を尊重しながら反対意見を述べたり、思いやりのある建設的なフィードバックの方法を生徒に教えているか？　生徒は共感をしながら考えているか？　これらをふりかえる必要があります。教師が共感と他者を尊重する方法について教えていなければ、生徒がオンライン上で実践できるはずがありません。

このメッセージが言わんとしていることは明らかです。時間をとって生徒にマナーのあるメディアの使い方を教え、状況に適した自分たちの規範をつくりだし、生徒に培ってほしい敬意と思いやりの手本を示す必要があります。

理解するために耳を傾け、敬意を払う

生徒が尊重しあい、お互いの言葉をきちんと聞けるようになるためには、教師の明確な指示のもと、生徒が次のスキルを磨いていくことが大切となります。

・適切なアイコンタクトをとる。
・気が散らないように、集中して考える。
・話すときには表情に気を配る。
・適切な言葉遣いをする。

また、社会認識や傾聴につなげるために、生徒が次のように自問することも有効となります。

・私は、話し手にきちんと耳を傾けたか？
・私は、何かほかのことに気をとられていなかったか？
・私は、敬意をもって、関連のある適切な質問をしたか？
・私は、会話において話し手の伝えたいことを理解したか？
・発言するとき、私自身が感じていることが声の調子やボディーランゲージにきちんと表現されていたか？
・私は、敬意をもってほかの人の感情に対応したか？

個人・ペア・グループ

教育現場でよく使われている個人・ペア・グループの方法にはたくさんのバリエーションがありますが、社会認識を向上させる目的としてそれらを取り入れることができます。ＳＥＬにかかわる会話をはじめるときには、特定の問いかけやテーマを提供することが有意義です。それぞれのステップにおける、ＳＥＬを取り入れるときの一案を示します。

①**個人**——テーマに対して、自分と他者の感情を考慮してください。
②**ペア**——ペアを組むパートナーには、学習内容について異なる考え方をもっている人を探してください。そして、互いの違いを尊重しあってください。そのとき、それぞれが同じくらいの時間話せるようにしてください。
③**グループ**——それぞれが平等に共有できる時間を確保して、情報を提供しあいます。

話し合いの時間を設ける

クリティカルな思考(8)や高次の思考(9)に基づくクラス全体やグループでの話し合いは学習会話であり、学んでいる知識や社会認識のスキルを使うことで学びが深まります。学習内容を十分に深め、教科書やほかの資料を参考にしながら自分の考えを示したり、クラスメイトの情報を取り入れられるようにすると学習会話が促されます。

社会認識のスキルには、人の話を聴くことや、時間や考えを尊重すること、ほかの立場からの情報に目を向けること、協力することが含まれます。第6章で関係構築について取り上げますが、そのときにこれらに関するさまざまな実践方法を紹介します。

学習目標と社会認識

SELについても、全学年を通じて学習目標を（生徒が理解する言葉で・訳者付記）提示することが重要です。以前は、学業面での学習内容に関する目標のみに気をとられていましたが、現在ではSELに関する影響力と重要性が明らかになっており、SELに関する目標もリストに加えられています。［参考文献133］

そうすることでSELについてより明確に伝えられ、SELに関する側面と学力面がお互いに影響力をもっているという重要な点に目を向けることができます。次のように、「私」または「私たち」が主語となっている文章を使って、個人的な目標が立てられるようにしましょう。

・ほかの人の考えをもとにして自分の学びを深めれば、私たちは人の話を聴く力が鍛えられる。
・私たちは、すべての人の声（考え・意見）が聞けるようになる。
・私たちは、自分たちがつくった〇〇の規範を実践できる。

・私たちは、ほかの人の感情と、その感情が話し合いにどのように影響しているのか、しっかりと考えることができる。

三　一人ひとりの生徒には物語がある

自分の行動と考えをうまく調節できる生徒は、より良い学業成績を達成できるといわれています［参考文献83］。SQが高い生徒は、より多くの仲間とより良い関係を築くことができますし、学びへの取り組みが深まります。しかし、社会認識ができるようになるまでに多くのガイダンスを必要とする生徒もいます。社会認識について理解できるようになると、生徒は状況を判断し、他者を理解し、人と協力して取り組むために情報を活用するようになります。

次ページに掲載した**表5-1**は、社会認識を深めるにあたって想定される状況と望ましい対応を示したものです。

(8)　よく「批判的思考」と訳されますが、それが占める割合はせいぜい四分に一から三分の一です。より大きな部分は「大切なことを選び出す力」と「大切でないものを排除する力」が占めています。
(9)　高次の思考については、一一ページの注（6）を参照してください。

表5－1　想定される状況と望ましい対応

想定される状況	望ましい対応
一人で取り組みたいと思っている生徒がいる。	どのようにすればチームや団結力のあるグループになれるのか、生徒自身の考えを促し、生徒が理解できるように時間をとる。 グループ活動に楽しく取り組めるものを取り入れ、ほかの人と一緒にやる場合のストレスを軽減する。
すでにできあがっているグループに新しい生徒が加わる。	グループメンバーにグループ活動をする際の規範を思い出させ、新しいメンバーを歓迎するように伝える。
グループ内で緊張関係が生まれた。	プロジェクトや課題の目的を確認するための質問をし、グループとしての意見がまとめられるようにサポートする。
グループ内で生徒の意見が対立した。	ほかの人の意見を理解しようと努めたのか、と尋ねる。
グループ内できちんと人間関係が深められているのかを確認したい。	グループ内でほかの人の感情や反応を予測できるか、個人とグループでの共通点や違いを認識できているのかを確認する。
グループ内に支援が必要な人がいる。	学校だけでなく、家庭や関係者のなかからサポートできる人を探し、活用できるように支援する。
ソーシャルメディアが適切に使えていない。	教室での規範を参考にして、オンライン上に不適切な記録が残る可能性や結果について話し合う。

第6章

よい人間関係を築く

生徒がお互いについて知り、教師が生徒の違いを
認めて尊重すると分かっているときには、
教室でのつながりが感じられやすくなります。教師は、
生徒同士の対話や共有、交流を学習活動に取り入れて、
お互いに尊重しあえる関係を促進します。

（フレッド・ロジャース）*

（＊）（Fred Rogers, 1928～2003）子ども向け番組の司会者です。

サリーは教師になって一五年が経ちます。子育てのために数年間休職したのち、新しい学校で働きはじめました。教師に復職するときにサリーは、休んでいる間に生徒たちもずいぶん変わっているだろう、と思っていました。しかし、以前と同じように生徒たちは、授業や教師の話に注意を向け、よく聴き、教科内容を理解していました。

サリーの教室は整然としていました。机はきちんと列に並べられ、きれいな掲示物が飾られ、ホワイトボードのマーカーもきれいにそろえて並べられていました。復職後の教師生活は順調そのものでした。

しかし、休憩時間にサリーが廊下に出てみると、ほかの教室が自分の教室と違っていることに気づきました。机は雑然としていますし、グループになって床に座っている生徒たちもいました。このような無秩序な状態では、数週間後にある新年度の保護者との懇親会のとき、だらしのない学校に見えてしまうだろうとサリーは思いました。

サリーの教室を見学するにあたり、「協同学習の様子を見せるように」と校長から言われました。同僚の教師に協同学習について尋ねると、この学校の生徒はほとんどの課題をグループで行っており、やる気を見せ、よく学ぶ、と話してくれました。また、協同学習では、それぞれの生徒のニーズや進度に応じて難度や速度の異なるプロジェクトや問題に取り組むため、一人ひとりに合った指導(1)が行いやすいとも聞きました。

少し考えてサリーは、同僚に倣ってグループでの学びを取り入れることにしました。協同学習は、生徒をグループに分け（彼女のクラスでは、生徒が整然と並んでいます！）、課題を与え、一緒にやらせる、というシンプルなものに思えました。目新しいやり方というわけではなかったので、すぐに取りかかって、生徒が楽しく一緒に取り組みながら学ぶ姿を目にしたいと思いました。

しかし、グループでの学習を取り入れると教室が混乱してしまい、サリーはショックを受けました。生徒は責任を押しつけあい、お互いに邪魔をし、その日の終わりには、サリーは目に涙を浮かべて仕事を辞めようかと考えてしまいました。

幸い、ＳＥＬのコーチであるトレーシー(2)が助け舟を出してくれました。トレーシーは、サリーのような状況はよくあることで、対策を立てればグループ活動は実行しやすく、意義のあるものにできると伝えてサリーを慰めました。そして、協同学習の方法と

(1)　この「生徒一人ひとりのニーズにあった指導法」については、『ようこそ、一人ひとりをいかす教室へ』を参照してください。

(2)　各学校に存在する、書くこと、読むこと、算数・数学、プロジェクト学習、そしてＳＥＬなどに特化したコーチのことです。どういう存在かは、『プロジェクト学習とは』の各章の最後に実際にしていることが紹介されています。「こういうコーチは、日本の教育現場にも必要」というコメントが翻訳協力者からありました。

SELの方法を伝え、ほかの教師が授業にSELを取り入れていること、サリーが教える生徒は人間関係に関するスキルを培う必要があることを説明しました。

コラボレーション（協働）できる人は生まれながらに存在するわけではなく、育てていくものなのです。

本章では、教室や人生における人間関係に対応する方法について学びます（おそらく、単純なことではないでしょう）。

さまざまな人やグループと健全かつ満たされる人間関係を築き、それを維持し、はっきりとコミュニケーションをとり、よく聴き、他者と協力し、不適切な社会的圧力に抗《あらが》い、対立が生じたときには建設的に交渉して、必要なときには助けを求め、また人を助ける必要があります。とても、これらすべてがすぐに実行できるとはいえません。しかし、年齢と発達とともに取り組みやすくなります。

ここでは、生徒がSELに重要な三つのスキル――自己認識、自己管理、社会認識を培っていくことが望ましいといえます。つまり、よい人間関係を築けるようになるためには、その基盤として、己の感情を知り、感情をコントロールし、他者の感情に気づけるようになる必要があるのです。

本章では、人間関係を深めていくために、協働すること、コミュニケーションの取り方、人間関係の構築について取り上げます。それぞれが重なりあうことを念頭に置いておきましょう。一つの目的を達成する方法を実践する際には、ほかの目的が達成できるといったこともあります。

三　脳の中の人間関係

人間関係の構築、維持、修復の方法について生徒が学ぶときには、当然、第1章で示した教師と生徒の関係構築にかかわる脳領域が活性化されます。人間関係を深める活動を通じて、信頼、愛情、友情に関係する前頭前皮質が働きます。後部上側頭溝と側頭頭頂接合部は社会認識にかかわる部位で、社会的交流の目的を探知し、認識することを助けるシステムの一部です。

脳は人とのかかわり、つまり人間関係を求めているため、協同学習に含まれる人との交流が脳にとって心地よいものであることは理にかなっています。また、研究から、眼《がん》窩《か》前頭《ぜんとう》皮《ひ》質《しつ》が人間関係に関する情報を蓄積するという役割を担っていることや、社会的なつながりが多く、友人が多い人の眼窩前頭皮質が大きいことも明らかになっています。[参考文献106]

周りの生徒について、単なるクラスメイトといった認識からチームメイトへと認識が変化するにつれて、脳内化学物質のドーパミン、ノルアドレナリン、オキシトシン、エンドルフィン、セ

図６－１　脳の中の人間関係

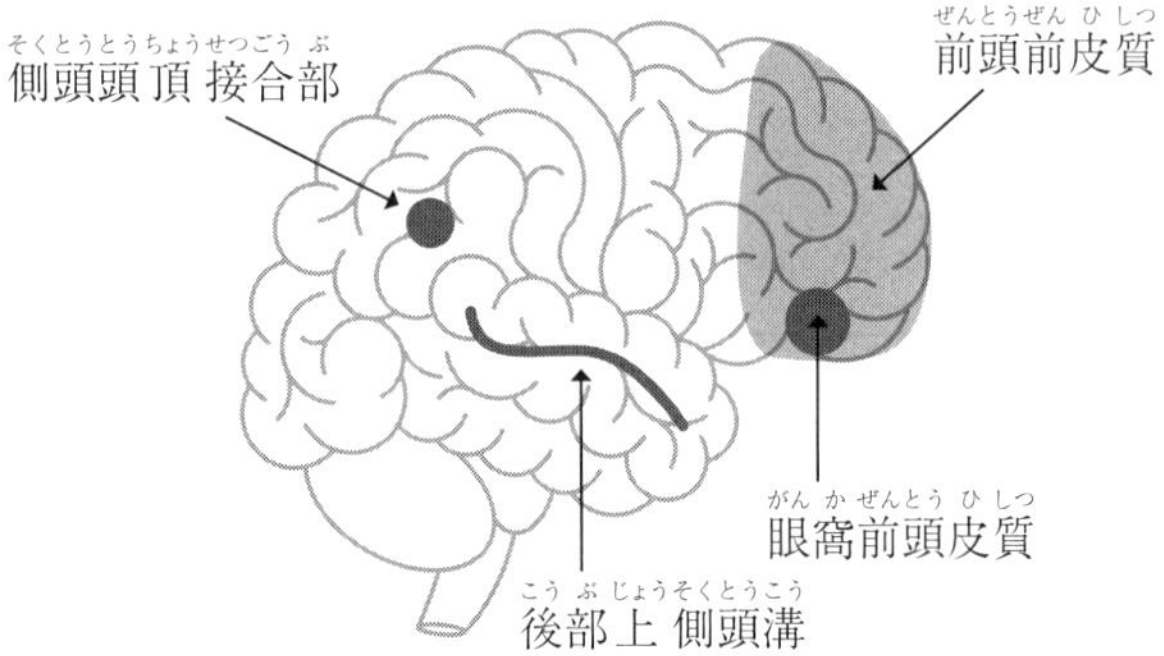

ロトニンが働きはじめます。ドーパミンにはさまざまな利点があります。すでに述べたように、ドーパミンは、人が目標に向かって取り組むときに放出されます。これに加えて、友人をつくるときにもドーパミンは放出されます。

小学生も中高生も、常に神経系に基準値となる一定量のドーパミンが流れており、何かを成し遂げたときにはさらにドーパミンが放出されます。ただし、中高生の基準値は小学生以下よりも低いため、追加で放出される量が多くなっています。その結果、中高生の場合は、追加で放出されるドーパミンの効果が大きくなります。

ドーパミンをさらに放出するための方法は、目新しいことに触れて脳に刺激を与えることです。ドーパミンの追加放出を通じて気分に変化が起こるので、多くの中高生は新しいことを試そうとしたり、古いものを避けようとしたりするのです（中高生のやる気を引きだすには目新しいことで誘い込むしかない、といわれる理由です）。［参考文献121］

これによってもたらされるよい効果の反面、問題もあります。中高生は、決まりきったことに対してはすぐに退屈感を覚えてしまいます。それだけに、中学高校の教師には注意が必要です。生徒は、ドーパミンの量が足りずに退屈でつまらないと感じているのです。ドーパミンやそのほかのよい気分をもたらす神経化学物質を放出する方法を取り入れれば、生徒の学習意欲はまちがいなく向上します。

三　生徒の協働を促す方法

『「無敵」のマインドセット――心のブレーキを外せば、「苦手」が「得意」に変わる』（鹿田昌美訳、ハーパーコリンズ・ジャパン、二〇二〇年）で、スタンフォード大学教育学部のジョー・ボアラー教授は、「ほかの人の発想と自分の考えとのつながりを見いだすことで、脳や人生にさまざまなよい影響がある」と述べています。〔参考文献13〕

学びは孤独なものになる可能性があります。生徒が概念を理解しようとしたり、問題を解こうとしたりするときに躓《つまず》くと、挑戦することをやめてしまう場合があります。グループで課題や問題解決、学習に取り組む場合は、分からないことについて質問したり、内容について話したりできる人が教師以外にもいるという事実に生徒が気づくきっかけとなります。

協働的な学びの機会にはさまざまな形があり、協同学習のグループやさまざまな方法が普及しています。(3)もちろん、グループになって生徒を席に着かせるだけで自然に協働が起こるわけではありません。協働的な学びとは、机を合わせてグループをつくることではなく、知的な交流をし、お互いに教え学びあうこと、あるいは不安にならずに難しい課題に挑戦できるといった機会のことを意味しています。さらには、お互いに意見を交換することを通して生徒の思考を広げていくものです。(4)

研修のときに教師は「新しい」指導法に触れますが、そのほとんどが自分の状況にあわず、すぐに使わなくなってしまいます。ここで紹介する方法は、研究に基づくと同時に脳の働きに沿ったもので、長年にわたって使われてきたものです。次の方法を実践していくことで、生徒を夢中にさせ、成功につながる人間関係を育むことができます。これらの方法を通じて、感情と社会性にかかわる非認知能力ばかりでなく、認知能力を育てることもできます。

教師中心に行う一斉指導には効果があるとされています〔参考文献74〕。しかし、一斉指導だけで教えていると、習慣や予測可能性によって脳への刺激が足りず、落ち着きはらった無風状態になってしまうでしょう。一斉指導では、生徒同士が交流し、対人関係のスキルを学ぶ機会はありません。

次に、脳の働きを活性化させ、対人関係スキルを鍛える方法について取り上げます。

チームをつくる

教師生活をスタートしたときから私はチームづくりを取り入れてきましたが、その効果については、いかに強調しても強調しすぎることはありません。チームをつくることでたくさんの課題が解決できますし、多くの目標が達成できます。出欠を確認するのが早くなるといったような小さな面はもちろん、大切な点は、チームがあることで教師が楽しみながら教え、生徒も楽しみながら学べるようになることです。

生徒同士がよいフィードバックを行えるようになるとセロトニンのレベルが上昇し、落ちついて楽しく学習できる可能性が高まります。さらには、基本的なニーズである所属意識を育むことにもなります。ここでは、学校をこえた社会、つまりチーム中心のビジネス界や専門分野の成功に必要である対人関係のスキルと感情に関するスキルを学び、実践する機会が提供できます。

（3）洋の東西を問わずもっとも知られている協同学習のアプローチである『学習の輪――学び合いの協同教育入門』（改訂新版）を参照してください。

（4）「アクティブ・ラーニングが謳われたときに、多くの教師は単なるグループでの活動と捉え、『学びがない』と揶揄された」という翻訳協力者からのコメントがありました。極めて日本的な現象です。文科省がアドバルーンを上げ、先生たちが右往左往し、生徒たちに還元されずにほかの実践に移っていくというケースが多いです。このアクティブ・ラーニングは、ほとんど効果的な実践が行われる前に、教育現場でははるか昔の物語になってしまっているようです。

チームがあるというのは、一人ひとりの生徒に、一緒にいる仲間とグループがあるという環境です。出欠をとるときに私は、「チームのメンバーが全員座って準備ができたら、手を挙げて『はい！』と言ってください」と言っています。

生徒は、自分のチームメイトが教室にいるかどうか確認しあいます。この確認によって生徒は、自分が欠席した場合でもほかの人が気づいてくれると分かり、よい感情が生まれます。また、チームメンバーは、一緒に宿題に取り組んだり、課題を忘れないように教えあったり、ほかのメンバーがきちんとやっているかどうかを確認したりします。

チームはいろいろな方法でつくることができます。学年、あるいはプロジェクトの期間を通して、文化（家庭の社会的・文化的要素）やスキル、そして性格が異なる生徒を同じチームにして多様性を重視するのもよいでしょう。最近の研究では、二人から五人のチームが望ましいとされており、実社会と同じように、男女混合にすることも考慮するべきです。［参考文献140］

学年と目的に応じて、次のようにチームのアイデンティティーを育むことで、チームの効果が高まります。

①チームの規範をつくる——チームには、全員が参加して課題をやり遂げるために規範が必要です。たとえば、協力して取り組む、順番に発言する、人の話をよく聴く、礼儀正しくする、とい

ったことがあります。それぞれのチームが独自の規範をつくれるようにしたり、クラス全体で全チームの規範を一緒に考えるのもよいでしょう。

生徒が初めてチームで学ぶ場合には、クラス全体で想定される問題を話し合い、ロールプレイを通じてチームのあり方や規範について考えることが必要になります。次に示すようなことはチームで活動するときによく起こる問題で、生徒は教師からのサポートを得ながら解決策を見いだします。

・欠席の人がいる（解決策の例――ほかのメンバーがその役割を担う）。
・課題やタスク（作業）の理解ができない（解決策の例――ほかのチームを偵察するスパイを送る）。
・話し合いが口論に発展してしまった（解決策の例――休憩をとる！）。
・おどけたりして、時間を潰しているチームメンバーがいる（解決策の例――チームの規範を見直す。必要ならば教師に助けを求める）。

②チーム名やメンバーの名前を考える――生徒はスポーツのチームを名前で呼ぶことが一般的となっていますので、楽しいチーム名を考えてもらいましょう。肯定的で、言い争いの原因とならないような名前がつけられるように、生徒をサポートします。

チーム名としては、特定の授業内容に関連したものもよいでしょう。チーム内で、個々のメンバーに名前をつけたり、役割を与えたりするというのも一案です。たとえば私は、チームのメンバー一人ひとりに「オズの魔法使い」に出てくる登場人物の名前をつけてもらったことがあります。そして、「では、ドロシーのみんな、チーム全員分のプリントを持っていってください」といった指示を出し、それぞれの登場人物ごとにチーム内での役割を与えることができました。

③チームの得点表やグラフを作成する――チームが自己評価できるように、紙や模造紙に得点表やグラフを作成するというのもいいでしょう。協力度や参加度、時間を守ること、課題の達成などの項目についてチームで話し合い、チームとしての得点をつけていきます（**表6－1**がその例ですが、創造的に行いましょう）。

④役割を決める――チーム内でファシリテーター（進行役）やリーダーなどの役割を決めると、課題に対してチームは効果的に取り組めるようになります。投票によって役割を決めるのではなく、それぞれのメンバーがリーダーになりたいかどうかを考えて決めるようにしましょう。また、順番に役割を受けもつのもいいでしょう。各役割の職務内容を書いてチームが持っていれば、生徒たちは期待されていることが事前に分かります。

もし、誰もファシリテーターやリーダーなどの役割に興味を示さない場合は、教師がリーダーを選び、選ばれた生徒がリーダーシップの素質を養っていけるようにサポートしていきましょう。その際、初めは感情に関するスキルが高く、ほかの生徒にうまく対応できる生徒を意図的に選ぶ

表６－１　チームの得点表の例

チーム名	評価項目				全項目の平均点
	協力	参加	時間	課題	
ニューロン	5	7	10	8	7.5
頭脳集団	7	9	9	8	8.3
夢想家	6	7	10	9	8
思想家	9	10	9	10	9.5

ようにしましょう。

時には、求められている役割において生徒が予想以上の力を発揮し、驚かされることもあるでしょう。学校では、生徒がリーダーシップのスキルを使う機会があまり多くないので、どの生徒がすでにリーダーとしての資質をもっているのか教師にははっきりと分かりません。リーダーやファシリテーターを選ぶことを通して、世界や地域のリーダーについてや、自分たちがチームをどのようにまとめるのかについて話し合うよい機会となります。成功している著名なリーダーを生徒が選びだして、自分たちの手本とするのもいいでしょう。

ここまでは、チームを立ちあげるための第一歩を示しました。時間があれば、次のような活動を取り入れるのもいいでしょう。

- チームの「メンバーを知る」ために、メンバー同士の理解を深める質問をします。生徒は、学校でともに過ごし、すでにお互いについてよく知っていると思いがちです。しかし、お互いに質問をすることで興味深い会話につながったり、今まで知らなかった情報に出くわしたりする場合があります。

「今晩、夕食に招待したい（有名）人を三人挙げるとしたら誰ですか？」、「今、誰かが教室に入ってくるとしたら、誰に入ってきてもらいたいですか？」、「今、どこかほかの場所に行けるとしたら、どこに行きたいですか？」といったような例が挙げられます。

• 生徒が協力して、チームカラーやチーム内での挨拶の仕方、チームのロゴを考えるというのもいいでしょう。チーム独特の合図を考えだし、メンバー内で合意に至る過程でチームに一体感が生まれますので、団結力が高まります。

• チームごとに課題やプロジェクトを終えたときなどに使うかけ声やテーマソングを決めておくと、盛りあがるとともにチームのアイデンティティーが深まっていきます。

ほかにも、次のような活動があります［参考文献54］。ポスターに、チーム名、好きなこと（映画や音楽）、お気に入りの画像、各メンバーのシンボルを掲載します。そのポスターをチームの旗とします。各チームのポスターを写真に収めて教室内に掲示すれば、生徒の自己認識と所属意識を高めることができます（実際のポスターでは教室のスペースを取りすぎてしまう場合がありますので、代わりに写真を掲示します）。

これらのアイディアは、長期間にわたるチームでなくても使えます。「メンバーを知る」活動やチーム名、チームのかけ声やスローガンは、ある単元の学習チームにも効果的に取り入れることができます。チームの人数にかかわらず生徒が所属意識を感じられるようになると、脳内で化学反応が促され、落ちついているときにはセロトニン、集中して活動に参加しているときにはドーパミンが放出されます。

プロジェクト学習（ＰＢＬ）

一斉指導とは対極にあるプロジェクト学習（ＰＢＬ）では、現実社会の複雑な課題を軸にして、概念や原理・原則を取り扱います。次に挙げるものはＰＢＬの課題としてふさわしいものです。

- 概念を深く理解し、探究したいと思える課題。
- 合理的な意思決定や、意見の根拠を示すことが求められる課題。
- 既存の知識や既習の単元と関連する学習目標がある課題。
- グループ向けのプロジェクトの場合では、生徒同士の協力的な取り組みが必要とされる複雑な課題。
- いくつかの段階に分かれたプロジェクトの場合では、簡単には結論が出ずに興味を引きつけられる課題（生徒が興味を示すとドーパミンが放出され、脳は集中力を保ちます）。

プロジェクト学習では、すべての学年を通じてSELが促されます。チームでのプロジェクト学習の中心となるのは協働することであり、楽しくて思い出に残るような学習体験にしていくためには対人関係のスキルが必要となります。

生徒が課題に取り組み、締め切りをふまえてやり遂げるためには、目標を設定する力、計画を立てる力、自発性、チームワーク、聴く力、チーム内の葛藤を解決する力といったようなことがかかわってきます。

もし、チーム内で葛藤が生じた場合は、感情を制御しながら、生徒はメンバーと一緒に問題を解決しなくてはなりません。もちろん、教師は、すべての段階においてそれぞれのチームを注意深く観察し、解決に向けた交渉ができるように介入せざるをえない場合もあるでしょう。(5)

協同学習

ある脳科学者が次のように述べています

「学びに人とのかかわりが取り入れられると、学校での経験はより楽しく喜びのあるものになります。『インクルージョン』(6)とは、生徒が自分自身の価値を実感し、レジリエンス（失敗に向きあい立ち直る力）を培うことができ、グループに所属しているという意識がもてることを意味します」［参考文献144］

脳は、人と交流するときや話すとき、そして協力するときにもっとも理想的な形で学習します。人と話すことによって前頭前皮質《ぜんとうぜんひしつ》が活性化し、高次の思考が起こります。とはいえ、協同学習は、生徒をグループに分け、学習内容やプロジェクトについて話し合わせることにとどまりません。ほとんどの生徒は、どのようにして協働できるかについては理解していません。そこで、グループ学習を成功に導くためのポイントを五つ紹介します。(7)［参考文献82］

互恵的な協力関係――学習の場面は、メンバーが相互に助けあわないと達成できない状況が設定されています。課題を達成するためには、メンバーが一丸となって取り組むことが大切となります。つまり、一人でもできてしまう課題が提示されることはありません。

対面しての相互作用――メンバーは相互に教えあい、互いの理解を確認しあい、概念や考えにつ

---

(5)　このように説明されると難しそうに感じるでしょうが、生徒たちはこの種の学習法が大好きです。詳しくは、『プロジェクト学習』と『あなたの授業が子どもと世界を変える！』を参照してください。

(6)　インクルーシブやインクルージョンは、障がいのある人と障がいのない人が一緒に学ぶ仕組みという意味で使われはじめた言葉ですが、現在では、すべての生徒が一人ひとりの教育的ニーズに適した教育を受けられることを目指しています。

(7)　『「学びの責任」は誰にあるのか』の一二六ページと、『学習の輪――学び合いの協同教育入門』において、五つのステップが詳しく紹介されています。

いて話し合い、扱っている内容と自分たちの生活との関連を見いだします。

個人とグループの責任——生徒は、課題が求めている成果物についてきちんと理解しています。メンバー全員に、最終的な成果物と、それをつくりだすうえにおいて必要となる個人的な貢献に対する責任があります。

社会的スキル——すべての生徒が、チームワークに関するスキルを生まれながら身につけているわけではありません。しかし、課題を成し遂げるためには社会的スキルを使わなければなりませんので、リーダーシップ、意思決定、信頼関係づくり、順番に話す方法、傾聴や質問の方法、助けの求め方や助け方、対立の回避などといったスキルを教える必要があるかもしれません。

グループの改善手続き——各グループのメンバーは、自分たちが達成したことと、グループとしての機能、さらにグループに貢献できるようになるためにはどうしたらいいのかなどについて話し合います。

ジグソー法

ジグソー法とは、特定のテーマを学ぶときのグループ学習法で、とても効果的です。ジグソー法は、一九七一年にテキサス州オースティンの学校で生まれました。当時、学校の人種分離の廃止に伴い、白人、アフリカ系アメリカ人、ヒスパニックの生徒間で緊張が高まっていました。生徒たちはお互いに信用できず、自分の能力に先入観を抱いていました。そのような背景のなかで開発されたジグソー法には、人種間の対立を減らし、試験の点数や出席率の向上、学校に対する関心の高まりなどといった教育成果があることが分かっています。〔参考文献６〕

ジグソー法では、多様な生徒で構成されるいくつかの「ホーム・グループ」に分かれて、共通のテーマのもと、それぞれの生徒が異なる課題に取り組みます。ホーム・グループにおいては、生徒一人ひとりが担当する学習内容のエキスパート（専門家）になります。そして、ほかのグループのメンバーで、同じ学習内容を担当する生徒と一緒になって（「エキスパート・グループ」と呼ぶ）、担当部分について詳しく学びあいます。その後、それぞれがホーム・グループに戻って、エキスパート・グループで学んだ学習内容をほかのメンバーに教えます。

生徒一人ひとりが大切な情報を伝える役割を担うことで、生徒はお互いに支えあっていると感じ、共感する力や積極的に取り組むことの重要性について学んでいきます。実際の授業では、次のような形でジグソー法が導入できるでしょう。

❶多様なメンバーで構成される五〜六人のグループをつくる。
❷各グループのリーダーを決める。
❸一つの学習テーマを五〜六つのセクションに分ける。
❹各グループで、それぞれのセクションの担当を割り当てる。

❺生徒が教科書や資料を読み込み、理解を深めるための時間をとる。
❻各グループから同じセクションを担当する生徒を集め、セクションごとに「エキスパート・グループ」をつくる。
❼エキスパート・グループで、生徒が担当する学習内容について話し合い、十分に理解できたらホーム・グループに戻る。
❽それぞれの生徒は、エキスパート・グループで学んだ自分の担当部分について、ホーム・グループのほかの生徒に教える。
❾教師は、教室内を回りながら、グループの学習状況と一人ひとりの学習活動の様子を観察し、必要に応じて学習活動を促したり、サポートしたりする。
❿ジグソー法が終わり、すべての生徒が情報を理解し、学習テーマについて学ぶことができたら教師は学習テーマに関する質問をし、それぞれの生徒がどれくらい学べたかを確認する。

三　コミュニケーションの方法

コミュニケーション・スキルは、話し言葉でも書き言葉においても、人間関係に必要となるスキルを教えるうえにおいてカギとなります。現在のように、多くの情報に囲まれた世界では、あえてテクノロジーを使わない状況をつくり、「自然な」形でのコミュニケーションである「対面での会話」が効果的といえます。同じように、書き言葉によるコミュニケーションも、生徒が対人能力を養い、自らのあり方や言動をふりかえる際にさまざまな形で役立ちます。

スマホを使わない、新しい友人をつくる金曜日

アイオワ州にある中学校の校長は、常にスマホに夢中になっている生徒の、対面でのコミュニケーション・スキルについて懸念を抱いていました［参考文献85］。そこで校長は、金曜日を「スマホを使わない、新しい友人をつくる日」と設定しました。生徒がスマホを持たずにカフェテリアにランチを食べに行き、知らない生徒と出会って話す場を設けたのです。

カフェテリアに入るときにカードがわたされます。そのカードの色に応じてテーブルが決まっています。テーブルには、会話を切りだすための話題が書かれてあり、生徒同士が話しやすい状態にしておきます。こうすれば、生徒たちは知りあいを広げていくとともに、過ごしやすく、思いやりのある学校にいると感じられるようになります。

協同学習やチームワークのあとに記録をつける

協同学習プロジェクトやチームでの課題、そしてジグソー法に取り組んだあとに記録をつけて

いけば、生徒たちの学習活動をふりかえるよい機会となります。教師は、生徒のふりかえりを促すために、次のような質問をするといいでしょう。

・あなたのグループは目標を達成できましたか？
・プロジェクトに取り組んでいたとき、あなたはどのように感じていましたか？
・あなたは、プロジェクトにどれくらい参加しましたか？
・あなたが貢献した度合いや、グループ全体での成果に満足していますか？

ふりかえりの記録をつけている時間は学習内容や概念を見直していることになりますから、それらを記憶に定着させるといった効果もあります。

ロールプレイ

ロールプレイは、コミュニケーション・スキルを教え、人とのかかわりを促し、お互いに尊重しあうやり取りを追求するうえにおいてとても効果的です。ロールプレイでさまざまな状況での対応を練習していくことで、実際の場面でも対応できるようになっていきます。また、ロールプレイの台本を通じて、生徒は感情が刺激された場合でも衝動を抑制する方法を学び、異なる立場からの状況観察ができるようになります。ディベートとは異なり、ロールプレイ中に役割を交代すれば、反対の立場から主張するといった練習もできます。

さらに、ロールプレイを繰り返し行うことでいかなる内容でも学習が定着しやすくなります。たとえば、歴史の授業では、南北戦争の北軍と南軍の兵士のやり取り、数学の授業ではXとYの関係についての話し合い、化学の実験ではガスバーナーとビーカーの間で行われる楽しい会話を想定したロールプレイが実践できます。このようなロールプレイでは、長期記憶や既存知識をもとに自分の役割を演じることになるため、脳の前頭前皮質《ぜんとうぜんひしつ》が活性化します。

ロールプレイをするときには、ストーリーテリング（一九〜二〇ページ参照）のように、ワクワク感や好奇心、挑戦や人とのつながりなどがかかわるため、生徒の脳の中ではコルチゾール、ドーパミン、オキシトシンが放出されます。

人間関係を築く方法

人間関係の構築には、「サーブとリターン」といった双方向のやり取りが必要になります。行ったり来たりするやり取りを促せば、生徒がほかの人についてより良く知り、お互いに尊重しながら学ぶことになります。人間関係を築くためには、次に挙げるような方法があります。

ブレインストーミング

ブレインストーミングを行うためには、よく聴くことや順番に話すこと、アイディアに優先順位をつけること、他者を尊重しながらコミュニケーションをとることなど、ＥＱとＳＱのさまざまな要素が必要となります。そして、ブレインストーミングは人間関係を深めることにも役立ちます。

ブレインストーミングは、グループ活動だけでなくクラス全体の活動として取り入れることができます。たとえば、学習内容に関連したブレインストーミングとしては、ある学習内容に関する問題についていくつも答えを考えたり、知識を伝えるアイディア（発表やポスター）について考えたりすることがあります。また、学習以外にも、学校のダンス大会でのアイディアや、親とのコミュニケーション方法について考えるときなど、さまざま場面でブレインストーミングを取り入れることができます。

ブレインストーミングは、ある意見や質問をもとにしてはじめます。生徒には、ブレインストーミング自体について、その意義を話すための時間をとる必要があります。生徒はブレインストーミングを、どんどん自由にアイディアを出す時間だと考えてしまいますが、役割を決めることでその効果が高まります。たとえば、思いついたアイディアを書き留める記録係や時間を計るタイム・キーパー、グループの全員が参加できるよう促すタスク・マネージャー（タスク管理）のような役割を分担するとよいでしょう。教師は、このような時間を設けて、グループが目標に向かうにあたって妨げとなるものを取り除いていかなければなりません。

関係修復のアプローチと和解のサークル

関係修復のアプローチ（和解の話し合いないしサークル）は、「コミュニティーを築き、被害や対立に対応し、コミュニティーメンバーに支援を提供する特別な価値のある実践」です〔参考文献131〕。争いごとを起こした生徒に懲罰的な対応をとるのではなく、争いによって傷ついた人間関係を修復し、コミュニティーを発展させるために接することは、教室内外でのさまざまな争いの解決において効果的です。

関係が修復できるように争いの解決を探るには、EQとSQの双方が大切になります。生徒は自分自身の感情を認識し、コントロールし、そして対立している他者の感情を認めることで、ともに解決すべき問題に初めて取り組むことができます。関係修復のアプローチでは、傷ついた人と傷つけた人を集め、関係の修復を図るための行動を促します(8)。

（8）関係修復のアプローチについて詳しく書かれている『生徒指導をハックする――育ちあうコミュニティーをつくる「関係修復のアプローチ」』がおすすめです。

本章の初めに取り上げたサリーは、グループ活動と対人関係のスキルを教える大切さを学んだと同時に、生徒が関係修復について学ぶ必要性も認識しました。

あるとき、和解しがたい衝突から関係が壊れてしまった生徒がいました。二人の生徒が何かに取り組むときには、いつも言い争いが生じ、お互いの心が傷つき、怒りが収まることはありませんでした。サリーは二人の関係を修復したいと思い、どちらの声にも耳を傾けたいと考えていました。

このようなときに大切なのは、相手が感じていることをお互いが理解できるようにすることです。どちらの生徒も相手の立場からその状況を考える必要がありますが、それは、自分自身の感情を抑え、相手の感情を認めて初めて可能となります。サリーと生徒たちは、声の調子や身ぶり、ジェスチャーが相手の感情を知るヒントになることについて話しました。そのような情報を理解して初めて、関係修復のための実践となる話し合いができるようになります。

関係修復の話し合いをふりかえるには、問題行動が起きたときに注目する必要があります。問題行動が起きたときは、「何が起きたのか?」(何をしたのか、ではありません)、「そのとき、どのように考えていたのか?」、「今は、どのように考えているのか?」、「誰が傷ついたのか?」、「どのようにしたら修復できるのか?」といった質問をもとにして、関係修復のための会話が進められます。(9)

興味深いアプローチとして「サークル」と呼ばれるものがあります。立った状態でも座った状態でも、クラス全体が輪になって集まります。初めの数回では、単純に人間関係を築き、コミュニティー意識を培い、生徒が安心できることを目的にして行うのがいいでしょう。そして、クラスの目標や価値観、規範を具体的に考えたり、見直すというのもいいです。

この方法は、すべての学年において効果的に使えますし、短い場合には五分ほどで行えます。サークルには、全員の生徒が必ず参加しなくてはならないというわけではありませんが、常に多くの生徒が話したがっていることが分かります。この方法において中心となるのは、尊重、人間関係、そしてコミュニティーです。

クラス全体が安心してサークルに参加できるようになったら、生徒間での対立を解決するなど、関係修復の会話を進めるために「和解のサークル」を行います。ここでは、被害者と加害者の話を聴き、加害者が償うための方法を探します。

初めの数分間は、ゆったりとした音楽を流したり、静かに座って深呼吸をしながらその場に集

(9)　翻訳協力者から「関係修復のアプローチ（サークル）については学内で何度か勉強会を行いました。今までの生徒指導のあり方とはまったく異なり、ファシリテーターがいかに今までのように裁く人にならず、全体性の感覚をもって関係性の修復に終始できるかがカギだと感じました。完全な形での導入には至っていませんが、それまでとは異なる対話的な生徒指導に変容しました。さらなる変容を試みます」というコメントが届きました。

中するなど、マインドフルネスの活動に時間をとります。話す人は「話している人」を示すものを手に持ち、ほかの人はそれを受けとるまで話せません。

このサークルをはじめるときには、「どんな種類の音楽が好きですか?」といったような簡単な質問からはじめるといいでしょう。生徒がこのやり方に慣れてきたら、人間関係や争いに関する質問、そしてその修復についての話題を取り上げます。

小さな争い事の解決には、素早く簡単に行える方法を促すことも効果的です。「プレイワークス（遊びは大事）」と呼ばれるプログラムでは、すべての生徒が安全に参加でき、自信をつけることを重視して、問題解決能力やリーダーシップ、公平性、スポーツマン精神の育成が目的となっています。なかでも、休み時間の過ごし方が難しいと感じる生徒をサポートするために、生徒が唯一安全に過ごせる屋外スペースや校庭での活動において役立つ方法を探っています。

プレイワークスの理事長は、「遊びは、子どもたちにとってただ楽しいだけの活動ではありません。子どもたちが遊びを通して学ぶことは、人の発達においてとても大切なのです」と述べています。［参考文献139］

プレイワークスでは、休み時間に衝突が起きたときは、生徒がジャンケンで解決するといった方法がすすめられています。休み時間にはなるべく早く「ゲームに戻りたい」ので、ジャンケンでの解決が効果的です。プレイワークスを取り入れているシカゴの公立学校でも、実際に効果が

現れています。［参考文献15］

このほかにも、下のＱＲコードの情報などを利用して、学校で関係修復のアプローチを行うことができます。

一人ひとりの生徒に物語がある

対人関係のスキルについて教えることは簡単ではありませんが、どの生徒にとってもそのスキルは、将来、個人的に、そして働くときに必要となります。そのため、生徒はほかの人と一緒に何かに取り組む方法を学ぶ必要があります。

多くの場合、生徒にとっては学習内容よりもクラスメイトに認めてもらうことのほうが重要になっています。子ども時代の逆境的体験（ＡＣＥ）に苦しむ生徒は、クラスメイトとの関係に困難を感じ、さらには大人との関係にもストレスを感じてしまうかもしれません。過去の経験によるトラウマによって生徒は、ほかの人と違うという否定的な感情や、他者に認めてもらえないという感情を抱いていることがあります。クラスにおいて人間関係の構築に取り組むときに想定される状況と望ましい対応については、次ページの**表6－2**を参考にしてください。

表６－２　想定される状況と望ましい対応

想定される状況	望ましい対応
生徒が問題行動をとっている。	クラスの規範を思い起こさせる（規範がない場合は、生徒と一緒につくる）。
クラスに活気がなく、学びが停滞している。	協働して取り組める方法を取り入れ、やる気と興味を引きだす。教師が、学習内容についての高揚感を示す。感情は、人から人に伝染するものです！
チームやグループワークから取り残されている生徒がいる。	ジグソー法を紹介して、全員が平等な学びのパートナーとなれるようにする。
特定の生徒に学びや人間関係を損なう行動が見られる。	関係修復のアプローチ（サークルや対話）を使って、行動の理由を探る。
教師にも生徒にも、変化や挑戦できることが必要となっている。	プロジェクト学習を使い、学びや交流、変化を促進する。
将来の成功に不可欠であるチームワークや協力について学んでほしいと教師が感じている	協同学習、プロジェクト学習、チーム形成など、協働を促す方法を実践する。
トラウマがあるため、協力的に取り組めない生徒がグループにいる。	グループで取り組む課題の前にペアからはじめて、グループを少しずつ大きくするなど、安心して活動にかかわれるような枠組みを提供する。

第7章

責任ある意思決定をする

思い出をつくり、複雑な思考をし、
意味ある意思決定を感情抜きで行うことは、
神経生物学的に不可能です。
（メアリー・ヘレン・インモディノ－ヤング）*

（*）（Mary Helen Immordino-Yang）脳科学者です。

五年生の担任であるベック先生は、有名な人物を一人選んでレポートを書くという課題を生徒に出し、伝記や自伝、インターネットなど、さまざまな方法で調べるように、と言いました。レポート提出時には、それぞれ調べた人物に扮した格好をするようにと促し、コスチュームや帽子などを貸しだす準備もしました。ベック先生は、この課題がとても楽しいものになると思っていました。

ところが、グループになって生徒が人物について調べはじめたとき、ベック先生は、生徒がワクワクしているのではなく、不安を抱えていることに気づきました。ガヤガヤと話している頭脳集団チームに聞き耳を立てると、「誰を選んだらいいのか分からない！　みんなは誰にするの？」、「分からないよ。選んだ人が興味深い人でなかったら、どうすればいいのかな？[1]」、「そうそう！　その時代にしては独立していた女性だから、エレノア・ルーズベルトにしようと思ったけど、もし何も見つからなかったらどうすればいいんだろう？　もうあきらめようかな！」といった声が聞こえてきました。

「もうあきらめようかな！」という生徒の声を耳にしたとき、ベック先生は頭がクラクラしてきました。「課題を出してからたった数分で、どうしてあきらめようとするのか？」、「どうして決められないのか？」、「いくつかの可能性を試してみて一つに絞り込めばいいじゃないか」と思い、「さっさと決めなさい！」と叫びたい気分になりました。

しかし、このときベック先生は、問題となっているのは生徒が意思決定できないことだ、と気づきました。

ベック先生は、数分ほど教室をウロウロと歩きながら考えをめぐらし、クラス全体で話し合うことにしました。そして、まず「こちらに注目してください。誰について調べるのかを決めた人はどれくらいいますか?」（手を挙げたのは、たったの数人でした）と言い、続いて、「困っている人はどれくらいいますか?」（初めの質問よりは多くの手が挙がりました）と尋ねました。

すると、「タータンチーム」[2]のジェシーが、「ベック先生、どうして一人ひとりに人物を指定しないのですか?」と質問したあと、「ティックトックチーム」のユアンが「そうです。指定してください。僕たちに決めさせないでください」と発言しました。

「レポートと発表が問題というわけではありません。あなたたちの課題は、大切となる意思決定のスキルです。あなたたちは、毎日、意思決定をしています。登校前には着ていく服を決め、

（1）（Anna Eleanor Roosevelt, 1884～1962）アメリカ第三二代大統領フランクリン・ルーズベルト（Theodore "Teddy" Roosevelt, 1858～1919）の妻です。

（2）タータンチェックのタータン（碁盤の目のように縦横に筋を現した模様）を意味します。このあとに記されている「ティックトック」は、スマートフォン向けの短時間の動画を共有するためのSNSです。

朝食に何を食べるか、もしくは食べないか、学校に何を持っていくか、誰に話しかけるかを決めています」と、ベック先生は伝えました。

「家には食べ物が何もなく、朝食もありません。朝食を食べに学校に来ます」と、ロジャーが言いました。「その場合は、置かれている状況が意思決定の助けとなっていますね。家に食べ物がないから学校で食べなくてはいけない」と、ベック先生が答えました（先生は、ロジャーの家に食べ物がないということに心が痛みましたが、ロジャーがためらうことなくそれについて話してくれたことに安堵しました）。

「毎日、お母さんがたっぷりと朝食をつくってくれるから、意思決定する必要はないの！」とキーシャが言うと、ベック先生は、「その場合は、お母さんがつくっている間に何をどれくらい食べるのかを決めています。つまり、キーシャも朝食に関する意思決定をしているのです」と返しました。

「ぼくは、アイロンがけされたきれいな服を着るだけで、自分で何も決めていません！」とイアンが叫びました。ベック先生は、「意思決定は状況に応じて行われるときがあります。きれいな服を着られるのはいいですね！」と答えました。そして、生徒の表情に、自分たちが意思決定を行っていることを認めるような兆しが見られて、ベック先生は微笑みました。生徒は理解しはじめたのでしょうか？

「でも、先生が出した選択肢は多すぎて、私には決められません」とジェシーが言うと、「そうだよ、選ぶ範囲を絞ってほしいんだ。お願いします！」とユアンが追随しました。

「では、チームで意思決定を行いましょう。それぞれの強みや興味を話し合って、自分の選択肢が絞り込めるのかどうか試してみましょう。理科が一番好きならば科学者を選んでもいいですし、文学が好きならお気に入りの作家を選ぶというのもいいでしょう。それでは、一〇分間やってみましょう。候補を二、三人までに絞り込み、選択肢を残しておきましょう。もし、選んだ人物の情報が見つけられなかったときは、ほかの人に代えてもいいですよ」と、ベック先生は伝えました。

チームで話し合う時間を一〇分から一五分に延長する必要がありましたが、この話し合いはうまくいきました。チームメイトと一緒に話し合うことで、それぞれの生徒が二、三人の人物を挙げ、調べはじめることができたのです。ベック先生は、「チームで取り組ませたことはよい選択だった」と思いました。

学校で行うすべてのことに、生徒の意思決定がかかわっています。ノートをとること（何を書き留めるのか？　どのようにして書き留めるのか？）から、作文を書くこと（重要なことは何か？　読者に何を伝えたいか？）、課題の問いに答えること（この問いは何を求めているのか？

どんな点が評価されるのか？）など、教科や教師の教え方にかかわらず、生徒には常に選択することが求められています。

もちろん、意思決定は教師生活の中心でもあり、教師が毎日行っている、教育にかかわる決断は一五〇〇にも及ぶと推定されています［参考文献59］。一つ一つの決断に時間をかけ、段階的なプロセスを踏まなくてはならないと想像すれば、それがいかに大変なことか分かるでしょう。

日々の決断は、これまでの経験と感情に基づくものです。状況を鑑み、別の可能性を考慮し、その決断がもたらすであろう結果や倫理的・道徳的な責任を考えつつ、幾度となくこれらを繰り返しながら段階的に考えています。ここでのキーワードは「選択肢」となります。

それでは、ベック先生の生徒には十分な選択肢が与えられなかったのでしょうか？　生徒がすぐに意思決定ができなかった原因は、選択肢の問題なのでしょうか？　それとも、時間の問題だったのでしょうか？　ひょっとしたら、生徒は急《せ》かされたように感じてしまったのでしょうか？

なかには、課題をきちんと理解できていなかったり、どんな人が有名人にあたるのか見当もつかないという生徒がいたかもしれません。意思決定のできない理由が何であれ、意思決定には、これまでに培ってきたさまざまな思考の癖やプロセスに影響を受けていることを生徒自身がまず理解しなければなりません。

三　ＳＥＬと責任ある意思決定

責任ある意思決定には、倫理的基準や安全面、社会的規範に照らしあわせて、個人のふるまいと対人関係について建設的な選択を行う力が必要となります。生徒は、意思決定が自分自身やほかの人にもたらす結果を考えなくてはなりません。責任ある意思決定では、問題を見極め、状況を分析し、選択肢を考慮し、問題を解決し、結果をふりかえる必要があります。

次に挙げる問いは、生徒が責任ある意思決定をするうえにおいて大変役立つものです。［参考文献25］

意思決定の前に考える問い

・問題は何か？
・異なる二つの解決策として、どのようなものが考えられるか？
・それぞれの解決策の結果として、どのようなことが起こりうるのか？
・どちらの解決策にも悪い結果が付随すると考えるときにはどうするか？

意思決定のあとにふりかえるための問い

・どのような選択をしたのか？
・何か、変更したいことはあるか？

ここで教師は、間違った選択をしたときには、責任ある意思決定に再び挑戦することで困難から立ち直る力が養われる、と生徒に伝えていく必要があります。また、意思決定を行うときには、次の段階に着目するとよいでしょう。［参考文献90］

①**特定**——生徒が周囲を観察し、解決すべき課題を認識する。
②**分析**——課題についてじっくり考え、いくつかの要素に分ける。
③**解決**——解決策についてブレインストーミングする。最初はグループになって行うのがよい。(3)
④**評価**——想定される状況とそのときの対応策について、表を作成したり、意思決定ツリーに表したりする。
⑤**ふりかえり**——自分の選択の良し悪しについて考える。よい結果につながらないようであれば改善策について再考し、うまくいった場合は、今後のためにどのような点を繰り返せばよいのかを考える。

図７－１　脳の中の意思決定

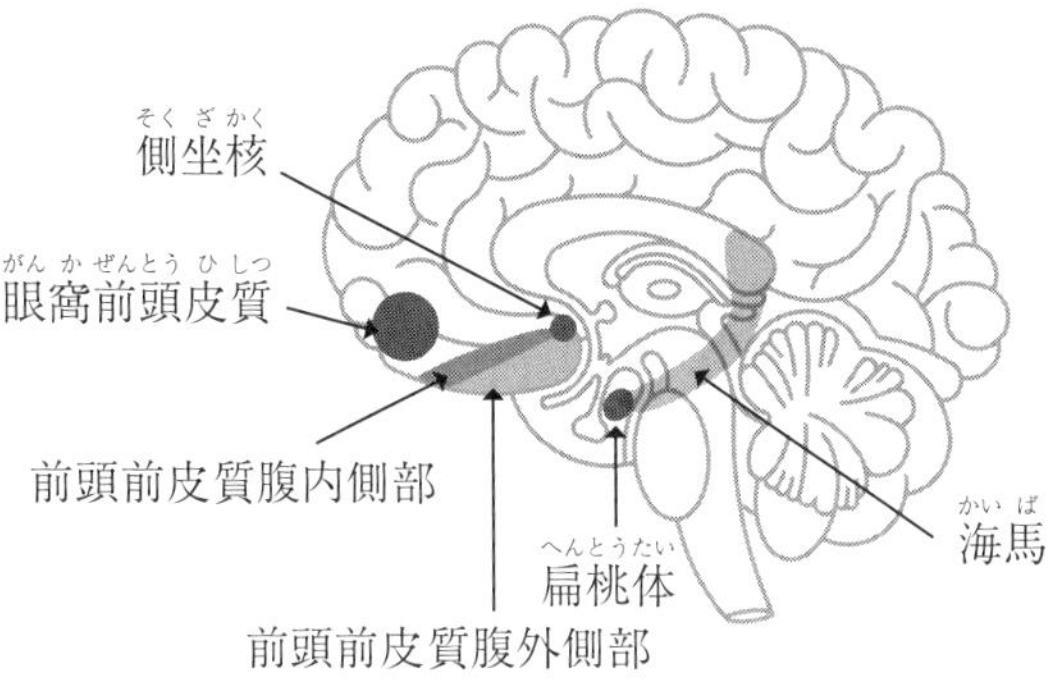

三　脳の中の意思決定

意思決定を行うときには、思考過程に重要な役割を果たす前頭前皮質がかかわってきます。前頭前皮質の眼窩前頭皮質の働きで、「感情や人とのかかわりに関する情報に基づいて評価し、抑制し、行動」します〔参考文献129〕。また、前頭前皮質の腹内側部と腹外側部も、初めにリスクを評価し、目標に適した反応をすることで意思決定にかかわります。〔参考文献75〕

これらの部位の反応は、感情にかかわる扁桃体と記憶にかかわる海馬に影響されています。つまり、感情と過去の経験が前頭前皮質での活動に影響を及ぼしているのです。意識的に決断をするときには、脳内でこれらすべての反応

（3）「意思決定ツリー」で検索すると、たくさんの図が出てきます。

が起こっています。そのため、よい意思決定を行うための第一のルールは、落ちついて考えることになります。

ドーパミンは、よい意思決定を行ったときに与えられるご褒美です。よい意思決定には、妥当な情報をもとにして予測することが求められ、予測が正しいときには側坐核から前頭前皮質にドーパミンが追加放出されるため気分が向上します〔参考文献96〕。また、ドーパミンは、素早く正しい決断をしたときにもご褒美として放出されます。私たちの脳は「よい気分」をもたらす化学物質を求めているので、受け取れるご褒美を予期して意思決定を行うのです。

一方、脳の中で思考を働かせずに瞬時に決断をするときには、感情的な脳が優位に働きます。そのような場合は、前頭前皮質を通じて注意深く考えるだけの時間がないため、意思決定は条件反射的なものになります。

三 意思決定にかかわる要因——時間、価値観、優先順位

意思決定のプロセスにおいて重要なことは、「時間」（すぐに決める必要があるのか、もしくはじっくり考える時間があるのか？）、「価値観」（正しいことと間違ったことや善悪について、自分の考えが意思決定にどのように影響するのか？）、そして「優先順位」（日々の生活全体で、そ

の意志決定がどの程度の重要性をもっているのか？）です。次に、それぞれについて詳しく説明していきます。

時間

ある朝、六時半に中学校に着くと、正面玄関の前にマヤが座っているのを目にして驚きました。マヤに微笑みかけながら、「こんな朝早くにどうしたの？」と私は尋ねました。マヤが私に気づくと、彼女の目に涙があふれました。

「先生、私はとても困っています。どうしてそんなことをしてしまったのか分かりません。終わってから初めて、間違ったことをした、と気づきました。でも、ほかの女の子たちは楽しそうで、ただそこに加わりたかっただけなんです」

「ちょっと落ちついて、マヤ。もう少し情報が必要だわ。いろいろ教えてほしいの。後悔するようなことをとって、どんなことをしてしまったの？　間違いだと分かっていることをしてしまったの？　どうして、自分が大変なことになったと思うの？」と、私は尋ねました。

私はマヤを校舎に招き入れ、一緒に教室まで行きました。自分の仕事をするために朝早くに学校に行ったのですが、マヤには話をしっかり聴いてくれる人が必要でした。私は生徒の椅子に座り、マヤにティッシュをわたし、彼女が落ちついて話せるようになるまで待ちました。マヤは私の向かいに座って、むせびながら話しはじめました。

「昨日の放課後、私はエマとダニタと一緒に、理科の課題をするためにエマの家に行くことになっていました。その用意をして、エマのお母さんの車に向かって歩いているとき、エリーが私の腕をつかんで、『マヤ、プレストンの家に一緒に行こうよ。そこで、みんなで音楽を聴くの。一緒に来てほしいの。プレストンの親は家にいないし、すっごく楽しいよ！』と誘われました。『予定があるの』と伝えると、エリーは『ダメ、お願い、私と一緒に来なくちゃ。ずっと親友でいるから。それに、人気のある子どもたちがみんな集まっているよ。その子たちと遊びたくないの？』と言われ、私はエリーと一緒にプレストンの家まで遊びに行ってしまいました。そうすべきではないと分かっていたけど、みんなと遊びたかったんです。課題はエマとダニタで終わらせられると思って……いえ、実際は課題のことなんて全然考えていなくて……。でも、たまたまエマが、エリーのお父さんの車に乗り込む私を見ていてよかったです。エマが私のお母さんや学校に連絡して、私の居場所を聞くことがなかったからです。しかし、ダニタがモンゴメリー先生に、私が協力しなかったことを伝えるだろうから、これから困ったことになると思いました。どうして、あんなバカなことをしてしまったんだろう……」

私が「あなたは、その場の勢いで決めて、今は後悔しているということね？」と尋ねると、マヤは苦々しい声で、「プレストンの家では、すっごく楽しかった。一緒にお昼を食べたことがないグループの人たちと一緒に遊べて、とても気分がよかったんです。ダンスビデオを撮ったり、映画を観ました。エリーのお父さんに送ってもらって家に帰るときは絶望的な気分になったけど、家に着いたとき、親は私の放課後の予定を覚えているわけではないので、何の疑問も抱かずに台所にいました」と答えました。

「それで今、その軽率な決断の結果に向きあわなくてはならないというわけね。あなたはどうするつもりなの？　どうやって、この状況を乗り切ろうと決めたの？」と、私は尋ねました。

「モンゴメリー先生はがっかりすると思います。それについては一晩中考えていました。間違って別の予定を入れてしまった、と説明しようかと考えています。エマとダニタには謝ります。でも、親に知られずにすむ方法があるのかな、とも考えています。私の親に誰も何も言わないのであれば、わざわざ親を巻き込む必要はないんじゃないかな？」と、マヤは答えました。

「このことについて考える時間はあったはずね。モンゴメリー先生に嘘をついて、ご両親には何も話さないつもりなの？」と私が返すと、マヤは、「そんなに悪いことでしょうか、先生。私は、また悪い選択をしようとしているのでしょうか？」と尋ねました。

「学校がはじまるまでまだ時間があるから、その選択の結果について考えてみて。先生に嘘をつくことは正しいと思う？　自分の行動について何らかの罰を受けなくてはならないとしても、モンゴメリー先生は分かってくれると思うわ。後日、ご両親があなたの友だちやその親から昨日のことを耳にしたらどうなるかな？　たくさん考えることがありますね。昨日のように衝動的に決断するのではなく、今はよく考えて決断をしなくてはなりません」と、私はマヤに言いました。

マヤは、自らの居場所の確保と良心の間で揺れていました。約束を破ってエリーと一緒に過ごすというマヤの衝動的な決断には、時間をかけて選択することによってもたらされる恩恵がありませんでした。

たいていの場合、時間をかけるとよい決断ができます。全体像を見すえ、良い点と悪い点を検討し、それぞれの選択肢がもたらすであろう結果を考えるために時間をとることで、正しい意思決定につながります。直感を信じる人もいますが、確かなことは、時間をかけることなく選択したり、不十分な情報をもとに決断してしまうと、望ましくない結果をもたらす場合が多いということです。

価値観と優先順位

価値観とは、何が正しくて何が正しくないのかに関する一般的な考えです。状況に応じて変わる規範とは異なり、価値観は一定したものです。そして、優先順位には、何を大切にしているのかが反映されます。

意思決定とは、与えられた時間のなかで、自分の価値観と優先順位に基づいて行われる判断のことです。人は、意思決定の過程で自分の価値観をふりかえり、研ぎすまし、明確にします。生徒と価値観について話し合い、クラス全体の価値観をつくりだしましょう。そして、意思決定が必要なときには、クラスの価値観を参考にしなければなりません。クラスの価値観について話し合うときには、クラス内で「契約」を結ぶというのが一つの方法となります。

次のような質問を通して、契約を結ぶための話し合いをクラスで進めるとよいでしょう。

・教師にどのように接してほしいか？
・クラスメイトにどのように接してほしいか？
・教師は、生徒がどのように接してほしいと思っているか？
・契約が破られたときにはどのように対応するか？

一人ひとりの生徒がこれらの質問について考え、その考えを共有し、それをもとにして合意できるように契約を組み立てます。クラスで合意できる契約文書の作成ができたら、生徒と教師が署名し、教室に掲示します。この過程を経ることで生徒同士の交流が促され、生徒は自分の声が届いていると感じられるとともに、契約に沿って自分たちを監督しはじめます。

前述の四つの質問と、その答えを書くことで契約と見なすこともできますし、「お互いに尊重する」、「よく聴く」、「共感を示す」、「親切にする」など、クラスの価値観を示す行動を並べて契約とするというのもよい方法です。シカゴの小学校をはじめとして、契約を結んだことで成功している学校があります。〔参考文献49〕

どの教科においても、私は進んで価値観や優先順位について話しています。プロの陸上選手やバラエティー番組に出演している芸能人、何だかの専門家など、生徒が職業として何を選んでもよいと思いますが、大切なのは、「人生では、ほかにも優先すべきことがある」と生徒に教えることです。

生徒は、自らの意思決定が優先順位に基づいているという点に目を向ける必要があります。その優先順位は、自分の価値観に基づくものなのです。次のような活動を通して、意思決定と優先順位、価値観のかかわりについて話し合う時間をとりましょう。(4)

ランキング（優先順位表）

次のように、多くの意思決定がかかわる「優先順位表」を生徒が作成します（この活動は、生徒が価値観と優先順位について考えられることを目指して一生懸命取り組んでいる、私の同僚であり友人のジャネット・レオナードが考えだしたものです）。

❶価値観と優先順位の違いについて、生徒が話し合う時間をとります。
❷生徒にＡ４版の用紙を二枚配り、生徒がそれぞれに一二マスの表を書きます。
❸生徒は、一枚の表のマスに1から12までの番号を書き、もう一枚の紙には、教師が伝える「一一の言葉」をそれぞれのマスに書きだします。
❹生徒が言葉の書かれたマスを切り取り、数字が書かれたもう一枚の表に、自分の優先順位を反映する形で１～12の順に言葉を並べ替えます。
❺生徒が自分の優先順位と価値観をもとにして意思決定を行っていることを確認します。

教師が伝える「一一の言葉」として、楽しむ、友だちをつくる、お金、物（所有）、見た目、家族、教育、ほかの人から尊敬されること、健康、何かに秀でること、トラブルに巻き込まれないようにすることなどが挙げられますが、一二番目の言葉は生徒自身に決めてもらいます。

この活動を通じて教師は、一人ひとりの生徒についてと、それぞれが抱えている現在のニーズについてより知ることができます。(5)

（4）　教師を含む大人を対象にして、価値観の明確化を中心にしたコミュニケーションの図り方について書かれた本が『好奇心のパワー』です。ぜひ参考にしてください。次節の「マインドフルネス」についても書かれています。

三 マインドフルに考える

第3章と第4章で取り上げたマインドフルネスは、「冷静に、そして客観的に、自分の考えや感情、感覚を見つめ……時間をかけて反応をする」力で〔参考文献142〕、「今、この瞬間」の状態に注意を向けることです。

毎日の生活において意思決定を行うときには、「今、この瞬間」の状態に注意を向けることが大切となります。意識的な意思決定には、①自制心、②ストレスが生じる状況から離れて「先入観のない」心や、強い感情と向きあって落ちつくこと、③ストレスを感じずにほかの人の視点が取り入れられる状態でいること、が重要となります。〔参考文献5〕

マインドフルネスは、決めなければならない課題に早い段階で気づくことや、創造的な問題解決、物事を倫理的かつ綿密に評価すること、自らの知識の限界を知って情報を検索すること、選択肢のもたらす結果を特定することなどに効果的であることが研究によって明らかになっています。〔参考文献114〕

この研究は、組織の意思決定に注目したものでしたが、この研究に示されているマインドフルネスの有用性は、個人的なものを含むさまざまな状況での意思決定にも当てはまります。たとえば、意思決定をする人が、マインドフルネスを通じて他者からのフィードバックを受け入れる容量が広がるため、ほかの人の立場で物事について考えられるようになります。そのため、意思決定をする人はより多くの情報が得られるので、関係者にとってもよい意思決定が行われることになります。

よい意思決定に関連するものとして、マインドフルネスを行うと「高次な脳機能が働き、感情的な脳にプログラムされている生来の衝動的な反応を抑制し、計画を立てて調節する力」が脳の中で育まれると述べられています〔参考文献142〕。マインドフルネスを実践することで脳は、偏見をもつことなくさまざまな選択肢について考えられるようになり、よい決断ができるようになるのです。

（5）翻訳協力者から「似たような取り組み（価値観カードゲーム）を行っています。独自につくった価値観カードを使って、手持ちのカードの価値観と新たに引いたカードの価値観で、大切なものを手元に残していきます。その際、捨てることになったカード（価値観）をなぜ捨てたのか、自分なりの理由を過去の体験などに紐づけて話します。人によって捨てるカードと理由がまったく異なり、自分がなぜその価値観を大切にしているのかが自覚できるようになっていきます。教師と生徒が混じってやることもあり、相互理解とつながりが深まりやすいゲームです」という情報提供がありました。

三　意思決定の方法

どのような学びにも意思決定がかかわってきますので、効果的な意思決定の方法を生徒が活用できるようにする必要があります。次に、私がさまざまなクラスや教師、学校から収集した方法を紹介していきます。

直感かよく考えた決定か

「直感かよく考えた決定か」という方法は、じっくり考える場合と速く考える場合の違いを効果的に教えるものです［参考文献113］。クラス全体で行える意思決定、たとえば学年末の校外学習の行き先や、カフェテリアで毎日出されているメニューについて考えるときに利用できます。

まず、自分の直感（初めに出てきたアイディアや条件反射的な反応）に基づいて、すぐに答えを出します（これが素早い思考です）。黒板に出てきたものを書きだし、これらの選択肢のなかで大事なことは何かを尋ねます（ここには、生徒の価値観がかかわってきます）。そして、それぞれの選択肢について考え、目的を達成することができるかどうかについて考えます（じっくりとした思考です）。最後に、ほかの人が求める選択はどのようなものなのか？　自分が選んだものと違うものを選んだのはなぜか？　などについて生徒に質問し、考えさせます。

この活動を通して、生徒はじっくりと共感をしながらクラスメイトの考えを聴き、分析をしながら意思決定する価値を学びます。最後に教師は、初めに直感で出した選択とよく考えた決定との違いを指摘します。一方、生徒は、最終的に決めたことに対して納得できたかどうかについて考えます。

意思決定の五つの要素――誕生日会のジレンマ

第５章では、私の孫のエミーがお誕生日会に呼ばれなかったことにとてもショックを受けていたという話をしました。この出来事は祖母として心が痛むものでしたが、私は学校で招待状がわたされたことに腹が立ちました。このような個人的な経験から、「誕生日会のジレンマ」という活動が生まれました。この活動では、誕生日会の招待状というテーマのもと、次の五つのステップを通じて生徒が意思決定について考えていきます。

①**特定**――生徒が問題を特定します。どのような問題を解決するべきかについて話し合い、絞り込むための時間をとります。

②**分析**――生徒が問題を分析します。問題の根本的原因は何でしょうか？

③**ブレインストーミング**——生徒が問題の解決手段を考えます（クラス全体で考えたいと思う生徒もいれば、疎外されている人に分からないようにして行いたいと思う生徒がいるというのは興味深いことです）。

④**解決方法の評価**——生徒が、一つ一つの解決方法について、想定される状況とそのときにとるべき行動を表にして書きだします。

⑤**ふりかえり**——自分たちが行ったプロセスをふりかえり、結果が当初の目的に適《かな》ったものなのかを判断します。決定したこととその結果について、時間をかけてふりかえることが大切です。

あるクラスでは、「誕生日会のジレンマ」について二つの解決策を試しました。ある生徒は、妹の誕生日会の招待状をクラスメイトのロッカーに置きました。その結果、招待された生徒がロッカーで招待状を見つけて大騒ぎし、誕生日会の計画がみんなに知れわたってしまいました。また、別の生徒は、弟の誕生日会の招待状を家に郵送しました。招待しなかった子どもたちに知られることはほとんどありませんでしたが、終わったあとに誕生日会のあったことを初めて知った子どももいました。

生徒たちは、どちらのアイディアがうまくいったのかについて話し合い、「どちらの方法が親切だったのか？」や「次も同じ方法をとるだろうか？」などを考えながらふりかえった結果、誕生日会を催すこと自体を推奨しない、という結論に至りました。

ほとんどの生徒が、「誕生日会のジレンマ」について、自分自身の体験に結びつけて考えることができます。しかし、なかには誕生日会を開いたことも、参加したという経験のない生徒がいることをふまえておきましょう。生徒についてよく知っているのは教師です。この活動を行うときには、思いやりをもって、自分の生徒に合ったテーマを取り扱うようにしましょう。

クラスの仕事を通じて選択肢を与える

教師は、州の学習基準（スタンダード）に沿ったカリキュラムに基づいて、毎日綿密な授業の準備を行っています。教室の壁には、担任の教師が選んだ規則や目標、ポスターが掲示されていることがよくあります。生徒は学校にふさわしい服を着て、教育委員会や学校経営者が定めた時間に登下校しています。この状況に異議があるわけではありませんが、生徒によい意思決定者になってほしいと願うならば、生徒に影響のある事柄を決めるときには生徒自らが意見を発し、他者にその意見が考慮されるという経験を重ねていく必要があります。

クラスの仕事を通じて生徒に選択肢を与えることで、意思決定のスキルを培うことができます。クラス全体で、次の質問に対する答えをブレインストーミングしてみましょう。

「どんな仕事があるか？」、「一番やってみたい仕事は何か？」、「自分の好きな順に、もしくはクラス内で重要と思われる順に優先順位をつけるとしたら、どのようにつけますか？」

クラスの仕事をはじめるにあたって、まず「選択ボード」をつくり、生徒や教師の考えだした仕事と内容を書きだします。仕事のなかには、「プリントを配る係」から「電話を取る係」などもあるでしょう。一週間ほど仕事をやってみて、あまり仕事がない場合には別の仕事を分担することもできます。このように、クラスでの仕事を通して生徒は、責任を分かちあうこと、尊重すること（自尊心を育てるとともに他者への敬意を示すこと）、自己管理、そして意思決定について学ぶことができます。

あるとき、四年生のクラスでプリントを配る係になった子どもから、「どこから配りはじめればいいのか？　後ろからか前からか？」、「一人ずつプリントを配るべきか、同じグループの生徒にわたしてもらうべきか？」、「プリントの話が出たらすぐに立ちあがるべきか、先生に頼まれるまで待つべきか？」といった意思決定に関する質問攻めにあいました。このような生徒の質問から、仕事についての懸念と真剣さが分かります！

ディベート

生徒の意見を聴き、意思決定のスキルを培うためにはディベートも効果的といえます。脳は自分の価値観に沿って正しくありたいと考えていますので、生徒はディベートを通して効果的に主張する練習ができます。

次のように、さまざまなやり方で、どの学年でもディベートを取り入れることができます。

横断トーク——これは、生徒が直接ほかの人に向けて自分の意見を述べる練習として効果的なものです〔参考文献48〕。二列になって、生徒が向かいあって立ちます（ボディーランゲージやアイコンタクトが分かりやすいので、一人ひとりを観察するためには、座っているよりも立っているほうが望ましいです）。教師が、口頭と板書で刺激的なテーマ（〔参考文献48〕に挙げられているビデオでは、「車椅子の人はスポーツに参加できない」が使われています）を出します。六〇秒経ったら列を一つ進めて、教師の出す別のテーマについてほかの生徒と話します。

四つのコーナー——これは、一人ひとりがそれぞれの意見を認めあい、ほかの人の意見を聴く力を高め、お互いを尊重しあい、協力を促すもので、何年にもわたって効果的な方法として利用されています。

あるトピックについて、教室の四隅に場所を指定して異なる意見を示します。生徒は、自分の意見ともっとも近い場所に行き、それぞれの場所でグループになります。五分間で、グループの立場を支持する論理を組み立てます。ディベートをはじめる前に、意見を支持する資料を探したり、理由を考えたりする時間をとるのもよいでしょう。それぞれのチームが冒頭陳述を述べ、根拠を示したり、反論したりして、最後に各チームが最終弁論を行います。(6)

SPARディベート――SPARとは、「spontaneous argumentation（自然発生的な討論）」の略です。SPARディベートは、最小限のリサーチで行える気軽なディベートです。この言葉には、「スパーリング」のような一対一の試合や練習という意味もあります。ある議論のどちら側につくかを選ぶことによって、生徒の意見と選択を討論に反映させることもできます。

討論しやすいトピックについて、次のようにスパーリングをするようにディベートをします。ここでは、「あなたは、ポストカードとショートメッセージのどちらがいいですか?」という質問をもとにしてディベートを行います。

❶生徒を六人または八人のグループに分けます。各グループの生徒は支持する立場を決めて、それぞれの立場のチームに分かれ、向かいあって座ります。
❷生徒が支持する立場を正当化するための意見と、支持する理由を一、二分で書きだします。
❸それぞれのチームが、その立場を支持する理由についてメンバーとともに話し合います。このようにすると、すべての生徒が発言の準備ができます。
❹それぞれのチームが列に並び、向かいあいます。そして、向かいあっている生徒同士がペアになって「スパーリング」をします。ペアの生徒が順番に一分間ずつ、その立場を支持する

理由や根拠を示しながら自分の意見を論理的に述べます。相手の生徒は、発言している生徒の意見に耳を傾け、メモをとります。その後、別の立場を支持する人が話し手となり、繰り返していきます。

❺それぞれが言いたいことを三〇秒でまとめたあと、ペアに戻り、相手の理由や事例に疑問を投げかけたり、自分の議論に付け加えたりして三分間討論します。

❻それぞれが一分間で最終弁論を準備します。ペアになっている生徒が一分間の発言を終えたらスパーリングは終了です。

❼スパーリングを行った感想を聞きます。この活動を通して、もっとも難しかったと感じたところについて話し合います（静かに相手の意見を聞くことでしょうか？　メモをとることでしょうか？）。

❽最後に、ディベートではどのようなことが大切だったのか、分かったことを生徒に尋ねましょう。

（6）　訳者の一人である吉田がオーストラリア人の人権教育の師匠から一九八〇年代に教わった方法で、もっと楽しくて、シンプルな「四つのコーナー」があります（ディベートはしません！）http://sirius.la.coocan.jp/doutoku/4corner.htm をご覧ください。また、「三つのコーナー」というのもあり、『効果10倍の教える技術』（二〇〇四～二〇〇五ページ）で紹介されています。

建設的な議論

クラスの価値観と規範を参考にし、ディベートやグループ・ディスカションの経験をもとに「建設的な議論」と「否定的な議論」についての話し合いをします。建設的な議論を行うために、グループ全員がテストに合格する、レポートを書くなど、協力して達成できる目標を決めて議論を行うことがあります。

それぞれのグループがいくつかのサブグループに分かれ、サブグループで単元やリサーチの一部を担当し、説得力のある論理を組み立てます。また、サブグループでは、自分たちが組み立てた議論を発表したり、反対の立場に反証したりします。そして、サブグループが反対の立場になって、その立場を支持する理由や根拠を考えます。最後に、両方の立場の意見を統合して、生徒がもっとも合理的な判断を導きます。

マジック8ボール

マジック８ボールは、ハーバード大学のＳＥＬの研究機関である「ＥＡＳＥＬ（Ecological Approaches to Social Emotional Learning Laboratory）」がはじめたもので、ＳＥＬを実践するうえで教師のサポートとなる活動です［参考文献112］。マジック８ボールは、すべての学年において効果的に使え、生徒の問題解決能力を育むことにつながります。(7)

まず教師が、「ある人が○○をします（たとえば、左右を見ずに道路を横切ります）。すると、どのようなことが起こると思いますか？」と生徒に尋ねます。生徒は、自分が想像するマジック8ボールの中を「見て」、その行動から起こる可能性のあることについてアイディアを出しあって共有します（たとえば、「よくないことが起こります」）。また、ほかの状況（たとえば、教師が話しているときに生徒が話すなど）で、同じ回答があてはまるかどうかを考えるのもよいでしょう。

生徒が話し合った行動の結果が、良いものになるか、悪いものになるか、あるいはどちらでもないと思うかを尋ね、どのような状況において結果を想像する必要があるのかについて考えます。マジック8ボールの答えが、「今、あなたは、その結果について知らないほうがいいでしょう」だとしたら、生徒たちはどうするでしょうか？　行動はどのように変わるでしょうか？

親愛なるアビー

ＥＡＳＥＬの取り組みとしては、「親愛なるアビー」と呼ばれる活動もあります。これは、困

---

(7)　ここで生徒が想像するマジック8ボールは、一九五〇年頃生まれたビリヤードの8ボールに似た形のもので、結果がどうなるか自分では分からないことに対して、「よい兆候です」や「よくないことが起こります」など、多面体のサイコロで占い遊びができる玩具です。紹介されているものは、これを応用した活動だと思われます。

難な状況における、倫理的・合理的で責任のある選択について考えることを目的としています［参考文献112］。五年生向けに考案されたものですが、どの学年でも応用できます。

まず生徒に、取り上げるコラム「親愛なるアビー」は、第三者の問題について、解決に導くためのアドバイスが書かれたものだ、と説明します。そして、「親愛なるアビー」（もしくは、同じようなアドバイスの書かれたコラム）に描かれている問題について、グループによる話し合いやロールプレイを通じて、生徒がその問題や問題の解決方法がどのようなものかを理解できるようにします（このとき教師は、生徒が物事のジレンマついて理解できるように必要な情報を与えます）。また、ほかの登場人物が、その状況をどのように捉えているのかについても話し合います。

話し合いローテーション

話し合いローテーションでは、生徒がクラスの価値観と行動規範について話し合います。次に示す方法では、生徒の会話が促され、興味深い話し合いが生まれます。この活動は、教科にかかわらずすべての学年で使うことができます。［参考文献61］

❶生徒を四～六人のグループに分けます。そして、それぞれのグループに対して教師から異なるテーマを出します。ここでのテーマは、相互に関連しているものです。

❷与えられたテーマについて生徒が話し合っている途中で、教師がそれぞれのグループから一人もしくは二人を指名し、別のグループに移動してもらいます。ほかの生徒は自分のグループに残ります。

❸生徒に対して、話し合いの重要な点についてノートをとるように促します（このとき生徒は、話し合いのなかで書き留めることを選択しなければなりません）。

❹グループを移った生徒は、関連するテーマで話し合っているグループに参加しているので、前のグループの話し合いで出された重要なポイントを共有することもできます。

❺次の回では、まだ初めのグループにとどまっている生徒が別のグループに移動し、同じようにして話し合いを続けます。

この方法では、常にグループが入れ替わるため、クラスが活発に動きます。そして、同時にすべての生徒が動くわけではないため、別のグループで役立つためにはどのような情報が重要で、何を共有すべきかについて決断する必要が生じます。この「話し合いローテーション」を通じて、生徒は協力すること、お互いを尊重すること、そして、ほかのメンバーの意見をよく聞くことについての練習ができます。

友人に電話をかける

意思決定はとても難しい、と感じる生徒もいます。時には、普段の会話でも、クイズ番組で挑戦者が助けを求めるときに使う「友人に電話をかけますか？」という選択肢が冗談交じりに出てくることがあります。実際、意思決定をするにあたって情報が足りない場合、「友人に電話をかける」という選択肢があることを生徒が知っていると、意思決定にかかわるストレスを和らげることができます。

この選択肢を、成績をつける段階で提供するかどうかは教師の考え方次第ですが、私はディスカションや教科書を読んで重要な点を見つけようとするとき、そして意思決定のときに利用しています。

ほとんどの場合、生徒が実際に電話をかけることはありません。この「友人に電話をかける」という選択肢は、通常、同級生に助けを求めてもよいということを意味しています。ちなみに、授業中に生徒が保護者に電話をかけたり、ほかの教師に質問をするために足を運んで協力を仰いだという事例もありました。

観客に尋ねる

「観客に尋ねる」は、「友人に電話をかける」という選択肢に似ていますが、少し目的が異なります。これは、生徒が何らかのアイディアが出ないときに、クラス全体やチームメイト、そして教師に尋ねられるようにするものです。私は、作文の授業のときに「観客に尋ねる」を使って、クラスやグループ内から意見を取り入れられるようにしていました。

作文を書く過程の手本を示すために、生徒と同じ時間に作文に取り組みました（私自身も楽しめました）。課題を出すときに、「自分がとても不快な気分になったときのこと」のようなテーマを与えると、生徒は、固いベッドで寝ることや親がイチャイチャしている様子を目にすることなど、いろいろな題材を考えて書くことができます。私は、冒頭の文章を次のように書いて生徒に見せました。

私は、ミズーリにいる友人を訪ねることをとても楽しみにしていました。しかし、子どもたちと犬との七時間のドライブを経て、一週間滞在する「モーテル」にやっと着いたときには心底がっかりしました。モーテルはとても古く、部屋は粗末で窓も少なく、埃っぽかったのです。子どもたちにはがっかりしたそぶりを見せず、部屋に荷物を運びこんで整理し、自分自身に「きっと大丈夫だ」と言い聞かせました。

暗くなるまで外で過ごしました。夜、子どもたちを寝かせ、運転と掃除で疲れ果てた状態でベッドに座って本を読んでいると、何かが足を這っているのを感じたのです。ベッドから飛びだしてベッドカバーをひっくり返してみると、そこにはアリの大群がいました。でも、それは、最悪な事態の序章にすぎませんでした。

ここで、私は読むのをやめました。生徒は続きを知りたくて、必死に手を挙げます。そこで、「では、この作文で私が答えるべき質問を三つ書きだしてください。あなた方読者は何を知りたいですか?」と尋ねました。そして、「みんなも自分の話を書きはじめて、最初の一段落をクラスで発表してください。それぞれが発表した内容に対して、みんなでフィードバックをします。これは、読み手の反応を知ることができるすばらしい方法です」と促しました。

三 クラスでの意思決定についてのガイドライン

どの学年においても、次のような生徒が考えやすい指針を出して、意思決定が行えるようにするとよいでしょう。

• 学習単元で、特定の内容に関連する意思決定を取り上げます。たとえば、一八四〇年の西部開拓について学んでいるとき、何を残し、何を持っていくのかという開拓者の決断に注目して、生徒が話し合える場を設けます。

- 教師や生徒が、取り組むべき問い、問題、状況を決めます。重力について学んでいるときには、アイザック・ニュートン（Sir Isaac Newton, 1642～1727）とアルバート・アインシュタイン（Albert Einstein, 1879～1955）の貢献を比較して、それぞれの重要性を考えることもよいでしょう。
- 生徒が意思決定者、もしくは意思決定の評価者となり、ある意思決定について評価します。たとえば、『ロミオとジュリエット』を学んでいるときに生徒が登場人物の決断を書きだし、その決断が良かったか悪かったかを評価します。登場人物に対して、生徒たちはどのように行動を変えるようにとアドバイスするでしょうか？
- 情報を集めるにあたって、生徒が参考にする資料を自分で決めます。どんな本やインタビューが使えるか、もしくはインターネット検索がもっとも有益なのかについて生徒とともに話し合います。
- 生徒が、問題解決するために最善の方法を決めます。たとえば、算数・数学の授業において、問題を解くためにいろいろな方法を試し、どの方法が簡単で時間がかからないのか、もしくは使いやすいのかについて考えます。
- 複数の選択肢を比較対照するために基準を決めます。これは、どの教科でもプロジェクトの初めの段階で取り入れることができます。グループで、比較対照するための基準についてブレインストーミングを行うのもよいでしょう。たとえば、私が生徒に「ハーシーズの二種類のチョコレートを比較対照するように」と言う場合、見た目のよさ、味、食感、材料を考慮するでしょう。さまざまなグループやチームの調査結果を比較するときには、あらかじめ決めた共通の基準を使う必要があります。

- どのようにして意思決定に関するやり取りを行いたいのかについて話し合い、生徒が選択します。第三者を念頭に置き、「意思決定に関する情報共有と評価を発表するには、どのような方法がもっとも効果的でしょうか?」と尋ねます。生徒自身が好きな方法を選んでもいいですし、パワーポイントでの発表やビデオ、短い劇やロールプレイ、コマーシャルや文書など、いくつかの方法から選ばせてもよいでしょう。

三　一人ひとりの生徒には物語がある

なかには、意思決定をする機会が与えられた経験がない生徒や、自分の選択が無視されたり、選択したことが理由で罰を受けたという生徒もいます。失敗もまた選択肢の一つで、「失敗してもよい」ということを生徒に教える必要があります。また教師は、脳は変化すること、生徒が何かを成し遂げる力があると教師が信じていること、そして、そのことを生徒も信じるべきだと繰

表7－1　想定される状況と望ましい対応

想定される状況	望ましい対応
過去の経験から、自分で選択するのを恐れている生徒がいる。	成長マインドセットと脳の可塑性（変化する性質）について取り上げ、短い話し合いをする。
生徒が自分の立場を支持する根拠や理由を示さずに、自分が「正しい」ことを頑《かたく》なに主張する。	クラスの契約や、価値観と規範に言及する。生徒が自分で調べるか、もしくは「ほかの生徒が見つけた資料を参考にするように」と言う。
直感で「自分は正しい」と考える生徒がいる。	自分の感情に従いながらほかの人が同意できるように、必要な根拠を見つけるように促す。
グループの意思決定に同意しない生徒がいる。	グループが集めた論拠を精査し、ほかの人が納得できるように、グループの主張が正しくないことを示す証拠を見つけるように言う。
ディベートで「違うよ、あなたは間違っている！」のような発言が出て、怒鳴りあいのようになった。	「私は同意します。なぜなら……」や「とても反対です。ただし、あなたがそのように信じる権利はあると思います」など、発言するときに使う言い方を提示する。クラス全体で、クラスの価値観に基づく発言の仕方を考える。

り返し伝えていく必要があることを忘れてはいけません。

表7－1では、意思決定のスキルに関して「想定される状況」と「望ましい対応」を示していますので参考にしてください。

第8章

プログラムではなく、人がSEL（感情と社会性を育む学び）に好影響を及ぼす

これまでの仕事は体力を必要としましたが、
現在は頭で考えることが必要です。
そして、これからの仕事は心の重要性が高まるでしょう。
（ミノーシュ・シャフィク）*

（＊）（Minouche Shafik）エジプト出身の経済学者です。イングランド銀行副総裁を務め、現在は「ロンドン・スクール・オブ・エコノミクス」の学長をしています。

保護者五名が会議室に入り、教育長に向きあいました。これまでウィテカー教育長は、学校の問題に関して保護者と面談したことがほとんどありませんでした。本来、それは校長の役目で、校長が面談できないときや、教師が保護者や生徒に対応できない状況のときだけ教育長が対応していました。

面談に来ているのは小中一貫校の保護者たちで、その学校では、校長の手腕でテストの成績が向上していました。ウィテカー教育長も含めて、誰もがこの学校のジョアン・バーンズ校長には干渉したくないと思うほど、校長には影響力がありました。

保護者がバーンズ校長を通さずに話したいというのにはそれなりの理由があると考え、ウィテカー教育長は保護者の話を聞くことにしました。保護者の代表者となったアンディ・フォックスさんが次のように切りだしました。

「ヘインズ小学校には問題があります。四年生の子どもたちは、登下校する際に不安を感じており、帰ってきたときにはイライラしたり、泣きそうになっています。その理由として、国語のフィッシャー先生に原因があると考えています。フィッシャー先生がしていることはいいじめです」

そして、ラナ・ハリックさんが、「フィッシャー先生は、州の統一テストで高い点数をとるようにと、容赦なく子どもたちをどんどん追い込んでいます。学びそのものはどうでもいいようです。うまくできない子どもがどのように怒鳴られているのかについて、娘が教えてくれました」と続けました。

「子どもたちは屈辱的な思いをしています」と、別の保護者であるキャロル・ブルックスさんが付け加えました。すると、フォックスさんが次のように述べました。

「フィッシャー先生に、どうしてうちの息子が標的になっているのかと尋ねると、フィッシャー先生は、『じっと座って集中できないので、何をすべきかについて逐一言い聞かせなければならないのです』と言いました。みんなでフィッシャー先生と面談をしましたが、フィッシャー先生は変わってくれないだろう、という結論に至りました。私たちはバーンズ校長にも会いに行きましたが、校長はフィッシャー先生の肩をもって、テストの成績を上げることの重要性を繰り返しただけでした。私は、息子を大学病院につれていって検査をしてもらいましたが、注意障害はありませんでした。ストレスを減らすには、ホームスクーリングをするしかないのでしょうか？　以前、息子は楽しく学校に通っていたのです！」

「ウィテカー教育長、学校でいったい何が起こっているのでしょうか？　私たちは真剣に知りたいのです。先生は、校長からテストの成績を上げるようにというプレッシャーを受けているのでしょうか？　この場合、校長が先生をいじめていて、先生が子どもたちをいじめているということになりませんか？」と、ブルックスさんが尋ねました。

いじめている人自身がいじめられていることがよくある、という状況は確立された議論です［参考文献71］。いじめている人は報いを受けるべきだと思いますが、そのようにはならず、いじめっ子が被害者で終わらず、被害者が別の人に対していじめっ子になってしまいます。

いじめられた人の頭の中では何が起こっているのでしょうか？　闘争・逃走反応がはじまり、コルチゾールが放出され、脳は目前に迫るものにしか注意が向けられなくなります。フィッシャー先生の授業でのみ集中力を欠き、ほかの授業では生徒がうまくやっているならば、そうなってしまう状況がフィッシャー先生の教室で生みだされていることになります。

このような状況は、多かれ少なかれほとんどの教師にあります。私も、「その生徒を校長室に送ってくるのはあなただけです」と校長に言われました。その生徒は、ほかのクラスでは何の問題もなかったのです。

ここでのメッセージは明らかで、「その生徒との間で問題があるのはマリリー・スプレンジャー（本書の著者）で、私自身が対応しなければならない」ということです。私は、この情報をもとにして、その生徒とのかかわり方を見直し、彼が私に難癖《なんくせ》をつけているという仮定に間違いがあることに気づきました。彼は、私の授業をただ乗り切ろうとしていただけだと分かり、サポートする方法を見つけることができて、私も彼もストレスから解放されました。

ウィテカー教育長は、ヘインズ小学校の問題について調査すると答えました。保護者たちは、何も変わらないだろうという疑念を抱きつつ面談の場を後にしました。しかし、思いがけず、面談の結果は喜ばしいものとなりました。

ウィテカー教育長は、根本的な問題が校長にあると気づきました。フィッシャー先生は、バーンズ校長からのテストの点数を上げよという過大な期待にプレッシャーをやはり感じていて、そんな心情が生徒に悪影響を及ぼしていたのです。

その後、すべての関係者のおかげで学校と教室の空気が変わっていきました。一夜にして変化したわけではありませんが、それぞれが努力をして改善するために行動していることが分かったので、保護者は子どもたちに「状況はよくなる」と伝え、安心させることができました。

三　大人がEQとSQを培ってこそ、初めて生徒に教えることができる(1)

ストレスに対処できるように生徒をサポートする前に、教師自身がストレスに対応しなければなりません。第4章では、「良好ストレス」、「負担ストレス」、「毒性ストレス」という三種類の

（1）このテーマで書かれた本が、近刊予定となっている『The 5 Dimensions of Engaged Teaching（情熱と喜びをもって教え続けるために大切な五つのこと）』（仮題）です。

ストレスについて取り上げました。学校で生徒と向きあう日々で教師は負担ストレスを感じていますが、帰宅し、家族や友人と過ごし、学校に関係のないプロジェクトに取り組んだり、読書や趣味でリラックスすることでストレスを解消しています［参考文献23］。ほとんどの教師が、さまざまな方法でストレスを解消することができています。

しかし、教師自身がいじめを受け、ストレスを感じていたらどうなるでしょうか？　誰がいじめを行っているのでしょうか？　教師が生徒の思いどおりに行動することが、教師へのいじめに発展することもあります。生徒が感情の赴くままに行動し、噂を流し、インターネット上で教師に対するいじめをしていたら、教師が生徒を理解し、安全で安心できる環境を提供することは難しくなります。

保護者も、いじめの加害者となることがあります。なかには、教師を常に監視して、自分の子どものために過剰な要求をするといった保護者もいます。また、フェイスブックで「友だち」としてつながったり、Eメールを使ったりして、脅しやハラスメントとされるようなことを求めてくる場合もあります。さらに、校長が教師のいじめの加害者となることもあります。共通テストにおいて高い点数をとらせるといった無理な期待をかけたり、期待に反する結果を教師の責任にする場合もあります。

ある教師が、共通テストの点数次第で、校長の教師への接し方が変わるということを教えてくれました。生徒の点数が高ければ校長からスターのように扱われ、期待にこたえられない場合は無視され、ぞんざいに扱われる場合があるというのです。

教師のストレスが大きくなりすぎると、望んでいないような言動をしてしまうことがあります。本章の冒頭に取り上げたフィッシャー先生は、普段は勤勉で、思いやりのある教師でした。

共通テストは、教職員や生徒にとって重圧となりやすいものです。学校のチアリーディングのコーチを務めている私は、かつて校長から、「州統一テストに向けて、活気づけるために演技をするように」と言われました。テストでよい成績をとるために励ますことを目的として、チアリーダーたちを指導し、普段のチアリーディングをアレンジし、ほかの教師と協力することに時間を費やさなければならないというのが納得できず、ショックでもありました。それは、テストの重要性を過度に強調することでプレッシャーを高めることになり、生徒にとっても教師にとっても負担になりました。

今では、私がＳＥＬの五つの要素を取り入れて教えることで、生徒はより良く学ぶことができ、将来必要とされるスキルや知識が継続できるようになったと理解しています。

ＳＥＬの実践が実を結び、生徒が最高の恩恵を受けられる文化と環境をつくるためには、教師のストレスに対応する力がカギとなります。生徒はストレスをもって登校し、教師はストレスをもって家路に就いています。

三 ストレスに関して知っておくべき三つの言葉

教師の燃え尽き症候群と離職につながるものとして、「二次的トラウマストレス（STS＝Secondary Traumatic Stress）」、「コンパッション（共感）疲労」、そして「決断疲れ」が挙げられます。この三つの言葉は、どのような状況を意味し、それぞれのストレスに対してどのように対応していけばいいのでしょうか？

二次的トラウマストレスは、「他者のトラウマの体験を直接聞くときに引き起こされる感情的な拘束」と定義されています。トラウマを経験した、もしくは経験している生徒の話を聞き、生徒と向きあうことで教師は、「間接的」にトラウマを経験してしまうことがあります。認知行動療法やマインドフルネスが、このストレスを緩和するためには有効です。［参考文献103］

コンパッション疲労とは、二次的トラウマストレスに似たもので、献身的な努力から来るストレスです。燃え尽き症候群（バーンアウト）はコンパッション疲労がより深刻になった状態です。

コンパッション疲労から燃え尽き症候群に陥る前に、状況を改善するための方法があります。燃え尽き症候群に陥りやすい人は、他者をサポートしたり、癒したりする職種である場合が多いため、ジャーナルをつけたり、瞑想や運動、仕事以外のことをする、ほかの人と話したりして、感じている疲労を「取り除く」必要があります。

燃え尽き症候群は人から人に伝わりやすいものですから、そうなってしまう前に教師をサポートしなければなりません。教師への提言としては、自習や自由時間などを使って同じ時間に休憩がとれるようにし、お互いについて知りあい、コミュニティーを築き、いろいろな話をすることなどが挙げられます。［参考文献93］

三つ目の決断疲れとは、日中に多くの決断をしすぎて、それ以上の意思決定が難しくなる状態です。生徒も含めて誰にでも起こる可能性があり、教師の場合、一日の最後の授業を難しく感じてしまうときがあります。

放課後、家に帰ってから、家族が「今日の夕食は何？」と尋ねてきて、「今日はこれ以上何も決めたくない。頭が働かないの！」と言いたくなったことはありませんか？　「決断疲れ」という言葉が生まれた「意志」をテーマにした本では、甘いものが大好きな人がデザートをすすめられたときに断る場合と同じくらいの強い意志がなければどんな意思決定もできない、と述べられ

（2）　コンパッション疲労とは、難しい経験をしている他者・苦悩のなかにいる他者を援助していること、または援助したいという思いから来るストレス、あるいは、他者が経験している難しい経験やトラウマとなるような経験を知ることによって起こる行動的・感情的な反応と定義されています（Figley, 1995 https://www.hospat.org/report_2006-e1.html 参照）。

ています［参考文献58］。また、バラク・オバマ元大統領は、意思決定の数を減らすために灰色か青のスーツしか着ないことにしている、と言われています。［参考文献91］

教育に関して教師が行う意思決定は、毎日一五〇〇に上るということを思い出してください［参考文献59］。決断疲れを避けるためには、すべての意思決定を午前中に行うという方法がすすめられていますが、これが可能なのは、キンダーガーテン（幼稚園）の朝のプログラムを担当している教師だけです。

教師は、週末には休みをとり（週末に成績をつけたり、授業案を計画してはいけません）、健康的なおやつを用意したり、翌週のメニューを考えたりして食事に関する意思決定の負担を減らし、前日の夜に、翌日に着ていく服を決めておく必要があります。

また、朝食の献立や運動や瞑想に一〇分ほどかけると決めるなど、簡単で予測可能な朝の習慣をつくり、出勤前には頭を使わずに無意識で過ごせるようにします。そうすれば、日中の困難な課題を解決するための精神的な余裕がもてるようになります。

裁判における意思決定に関する研究では、裁判官が判決を出すとき、法律のみに基づいているわけではない、と示されています［参考文献32］。そして、拘留されている人が仮釈放されるかどうかの決定要因に関する研究では、判決が言いわたされる時間が仮釈放の可否に影響していることが分かっています。つまり、一日の終わりのほうが、裁判官は好意的な判決を下すケースが少ないということです。

教師も同じく、一日を通して意思決定や「判断」をしています。空き時間や準備時間、心の休息（気持ちを落ちつける）時間などがなく、さらに時間の余裕がないときには、判断がトゲトゲしいものになる場合が多いです。

三　感情は意思決定にどのような影響を与えるのか

中学校で国語を教えていると、短時間で多くの小論文に対して成績をつけなければならないときがあります。ある木曜日の夜、私は三クラス分の小論文の成績をつけていました。生徒にはルーブリック（評価基準表）があらかじめ与えられており、裏面に課題が書かれた紙と一緒に作文用紙がホッチキスで留められていました。評価基準を確認しながら生徒が課題に取り組め、私が点数をつける際には手元にあったほうがよいと考えたからです。

すでに夜一〇時半を過ぎていて、私は疲れきっていました。授業で読み込み、話し合っている物語から「二人の登場人物を比較する」という課題の小論文を次から次へと読んでいると、頭が回らなくなり、視界がぼやけてきました。

カバンから最後の小論文を取りだしました。それはジョシュのものでした。ジョシュの顔が思い浮かび、彼とのこれまでのやり取りがいくつか思い起こされました。普段、彼は一生懸命課題に取り組むという生徒ではありません。よって、小論文から彼の頑張りが分かるとは期待していませんでしたが、同時に、そうでないことを望んでいました。

ジョシュの小論文に目を通し、ルーブリックを記入し、コメントを書き、点数をつけ、成績をつけました。ようやく成績をつけ終わりました！　ほっとして大きなため息をつき、七五人分の小論文をカバンに収めました。

翌日の金曜日はいいお天気で、よい週末になる予感がしました。生徒は、小論文が返されることを知っていました。一限目の生徒が教室にやって来て、私は一人ひとりに小論文を返しはじめましたが、ジョシュのルーブリックと成績の書かれた表紙が見あたらないことに気づきました。カバンに入れたときに外れたのだろうと思ってカバンを探しましたが、見つかりませんでした。

ジョシュが、「S先生、ぼくの小論文が返ってきていません」と言ってきました。私はジョシュを呼んで、次のように言いました。

「ジッシュ、まだあなたの成績を考えているところです。夕べは遅くなってしまったので、きちんと読みたいと思っています。授業の終わりには返せるようにします」

生徒が黙読をしている間にルーブリックを取りだし、私はジョシュの小論文を読み返しはじめました。ルーブリックを記入し、よい点に関するコメントを書き、作文の向上を図るためにいくつかの質問を記しました。そして最後に、ルーブリックの上に「B」の成績をつけました。

授業の終わり、私はジョシュに小論文を返しながら、よかった点について話しました。彼は、機嫌よく次の授業に向かいました。

その日の授業が終わり、別の小論文をカバンに入れているとき、カバンの仕切りの間から一枚の紙が出ているのに気づきました。それは、昨晩成績をつけたジョシュのルーブリックでした。きちんと探さなかったために、私は余計な仕事をしてしまったのです。しかし、一回目のルーブリックとコメントを読んで、恥ずかしさがこみあげてきました。昨晩つけたジョシュの成績は「C」で、今日つけた成績は「B」だったのです！


教師は成績をつけるときには客観的であると思っているわけですが、自分自身の気分や感情、生徒とのそれまでのやり取り、さらにはその日に行った意思決定の数まで、すべてが成績のつけ方に影響してきます。これは、ルーブリックを使ったとしても避けられません。恥ずかしくて、穴があったら入りたいくらいですが、私がそのよい見本といえます。さらに、成績をつけるときの客観性について、私の経験以上に明らかにした研究もあります。

イエール大学で行われた研究では、教師が二つのグループに分かれ、一方のグループは教室での楽しい経験について、もう一方のグループは教室での不愉快な経験について考えるように、と言われました。そして、両方のグループの教師が同じ中学生の小論文を添削しました。その結果はどうだったでしょうか？

楽しい経験について考えたグループの教師は、不愉快な経験について考えたグループの教師よりも一段階上の成績をつけました。参加した教師は、成績をつけるときに感情が影響すると考えもしませんでしたが、研究結果は見事に感情の影響を証明することになりました。［参考文献16］

三　ACEからPACEへ

前述したように、ＡＣＥ（Adverse Childhood Experiences）とは「子ども時代の逆境的体験」を意味し、保護者からの虐待や育児放棄、家族の収監、アルコール依存症、死別や離別、精神疾患や貧困などを指します。ＡＣＥと対になること、つまりＡＣＥを癒す方法としては、親しい友人や隣人、よりどころとなる信仰、学校への肯定的な感情、思いやりのある教師、信頼できる保護者、安心感、楽しみや予測可能な家庭の習慣などが挙げられています。ここでは、ある脳科学者の言葉、ＡＣＥと対になる「ＰＡＣＥ（Positive Advantageous Childhood Experience）」、つまり「肯定的で有利となる子ども時代の体験」を取り上げます。［参考文献23］

子ども時代の肯定的な体験の重要性については最新の研究があります〔参考文献18〕。過去二〇年にわたる研究のなかから、「アメリカ疾病管理予防センター」（アメリカの政府機関）と「カイザー・パーマネンテ」（製薬会社）が出資した画期的な研究〔参考文献51〕では、四つ以上のACEは子どものその後の人生において鬱《うつ》や高い肥満度指数、そして喫煙率など、健康に負の影響があると結論づけています。そして、最新の研究〔参考文献37〕では、肯定的な体験がACEの健康的な被害を相殺する、もしくはその負の影響を上回るほどのよい影響を与える可能性がある、と指摘されています。

この研究では、「もし、あなたの子どもがトラウマを経験し、トラウマによる長期的な影響について懸念しているならば、この研究結果が示すように、過去に子どもがどんなことに直面していたとしても、子ども時代の肯定的な経験が大人になってからの身体的・精神的な健康につながることは明らか」だと述べられています（研究に参加した人のなかで、ほぼ四分の三に及ぶ人に少なくとも一つのACEがあり、平均値は二・六七でした。一方、肯定的な子ども時代の経験の平均値は八・一五でした）。

この研究からは、肯定的な経験がないことの悪影響も明らかにされています。研究に参加した人の(3)身体的健康（運動や睡眠の習慣、喫煙や食事など）と、精神的な健康と認知能力（実行機能の能力、ストレスレベル、鬱《うつ》、困難な状況に対応する力など）を調査した結果、個人のACEの数にかかわらず、肯定的な経験の欠如が健康を損なうことを発見しました。研究では、次のように指摘されています。

「ＡＣＥが悪いものであるのと同じく、子ども時代に肯定的な経験をしていないことや人とのつながりの欠如が一生の健康にとって弊害となるため、大人は、子どもが肯定的な経験ができるように努力をしなくてはならない」

この研究では、ＡＣＥには家庭環境が大きく影響しているものの、「子どもの生活において親（保護者）以外の大人、親戚や教師、近所の人や友人、若者のリーダーなどの存在」が重要であると述べられています。そして、それらの人間関係は、「ＡＣＥに対抗する肯定的な経験を増やし、人生における心身面の健康を向上するうえにおいて役立つ」と結論づけられています。［参考文献37］

このような研究から示される教師へのメッセージは明らかです。私たち教師は、現在の生徒の生活、そして未来にわたって人生の質を大きく高めることができる、ということです。

人間関係の構築や、他者の視点や行動を理解できるように共感を教えることなど、本書で取り上げたテーマは教師が教室において肯定的な経験を生みだすために取り組んでいけるものです。ＳＥＬ（自己認識、自己管理、社会認識、対人能力、責任ある意思決定）を深めていけば、生徒の所属意識と安心感を高めることができるのです。

ＣＡＳＥＬ（七八ページ参照）は、二〇一九年一〇月に「SEL Exchange」と呼ばれるＳＥＬに関する会合を開催し、二〇一一年から協力してＳＥＬに取り組んできた教育委員会から過去と現在のリーダーを集め、その実践において何を変えていく必要があるのかについて話し合いました。その話し合いのなかで出された重要な意見は、ＳＥＬに取り組むうえでは、「もっと大人に目を向けるべきだった」というものでした。

生徒がＥＱとＳＱを育てられるように毎日の授業にＳＥＬを取り入れるためには、教師が自分自身を「価値のある存在だ」と感じ、目の前の生徒を変えてゆく力があると信じられることが必要だという意見が出され、多くの参加者がそれにうなずきました。

三　一人ひとりの生徒を知る

「気にかけてもらえる力」という見出しで書かれた記事を紹介しましょう。そこでは、ネバダ州

（３）　実行機能とは、日常生活での何らかの問題を解決したり、目標を達成したりしていくための複雑な認知・行動機能の総称です。具体的には、①目標設定、②計画立案、③計画実行、④効果的遂行などの要素からなっています。http://cogniscale.jp/function/executive-function/ を参照。一五一ページの注（11）も参照してください。

のある中学校において、全員の教師と生徒がかかわり、教師が一人ひとりの生徒をよく知っていくことによって学校が改善したという印象的な事例が紹介されています。また、その教育委員会が管轄している学校では、二〇一二年にＳＥＬのプログラムを導入して以降、生徒の出席率やテストの成績、卒業率が上昇し、精神面における健康状態が改善したと書かれています。［参考文献89］

この教育委員会のミッションは、「一人ひとりの生徒が、教職員に名前と顔を知ってもらったうえで卒業する」です。その一環として中学校では、「教師と生徒がつながりを深める活動」に取り組んできました。

すべての教職員が、生徒一人ひとりについて書かれたポスターを掲示した教室に集まります。名前の横には「名前／顔（写真）」や「個人的なこと」、「個人／家族の物語」、「学力・成績」についての情報が並んでいます。それぞれの情報について知っている場合、教師はマーカーでチェックしていきます。そして、教職員がポスターの前に集まり、その生徒について知っていることを話したり、知らないことについてお互いに質問を繰り返します。このあと、教師は個人的にふりかえりを行います。

このような活動を取り入れることで教師は、授業中、あるいは授業以外でも生徒とのつながりを深めていくことができます。このような努力の結果、生徒が「自分は気にかけてもらえている」

と感じられるコミュニティーが生まれました。

三　一人ひとりの生徒に物語があり、一人ひとりの教師に責任がある

教育委員会や保護者、教職員らすべての学校関係者が、ＳＥＬの必要性とその効果について理解する必要があります。学校教育にかかわる人は、基礎的な知識として、ＳＥＬの重要性を認識し、脳がいかにして発達し、学ぶことができるのかについて理解しておくべきです。そうでなければ、教師が生徒一人ひとりの幸せと成功に向けて、手本を示し、教え、励ましていくことができませんし、学校において生徒をサポートするシステムも築くことができません。

ただし、教師は、単純に学校でＳＥＬを自分が教えられると捉えてはいけません。また、「私の学校にはＳＥＬのプログラムがあり、毎週金曜日三〇分間、ＳＥＬを教える人が来てくれています」というように、時間をとったからといってＳＥＬを教えていることにはなりません。

私たち教師が学校で行っている一つ一つの活動に、ＳＥＬを統合していく必要があります。教職員一人ひとりが、毎日、生徒とともにさまざまな形でＳＥＬを実践していくべきです(4)。

さらに、ＳＥＬは、トラウマを考慮したものでなければなりません。教師も生徒も、すべての人が思いやりのあるコミュニティーの一員であると感じ、信頼しあい、安心できる環境をつくり

だすためには、すべての人を対象としたサポートを行っていかなくてはいけません。

私たちは、一丸となって友好的な文化を育て、絆を深め、安心して感情に向きあう場所をつくっていくことができます(5)。子ども時代に逆境的な体験をしている生徒には、決められたやり方や習慣を強調するといった必要もあるでしょう。また、認知能力が高まりはじめたばかりの生徒には、脳がこれまでに対応してこなかった感情に向きあい、対応できるようにするために、カリキュラム内容の削減を考慮するといった場合もあるでしょう。

ACEをPACE（子ども時代の逆境的体験を肯定的な経験）で埋めあわせるには、多大な努力を必要とするかもしれませんが、神経科学に基づいた実践をしていけばSELは効果的に働くのです。

かつて、「生徒は、義務感から、もしくは学校とはそういうものだという認識から学ぶのがよいのか、それとも脳の働きを基礎として、自発的に楽しんで学ぶのがよいのか？」と同僚に尋ねられました（あなたの学校は、どちらを目指しますか？）。PACEを増やし、子どもが希望をもって学んでいくためにもSELが必要です。

精神科医のブルース・ペリー（Bruce Perry）の言葉に、「プログラムではなく人に注目し、人が人を変えていく」というものがあります［参考文献110］。あなたも私も、その一人です(6)。そして、教師は、自己の人間力を高める努力を惜しんではいけないとも思っています。

最後に、ＳＥＬに関連して、より深めたいテーマとそれぞれについての参考資料（表８－１）を次ページで紹介しておきます。

（4）本書とは異なる切り口で、このテーマに迫ることを目的として書かれた本が『All Learning is Social and Emotional（学びはすべて社会的で感情的）』（近刊）です。ぜひ、参考にしてください。

（5）このテーマを扱っているのが『居場所のある教室・学校』ですので参照してください。

（6）翻訳協力者からコメントが寄せられました。「教師の人間力にかかっているともいえますが、そうではありませんね。パーフェクトな教師などなかなかいないものです。教師に不足しているものをどのように補って、一人ひとりの教師の責任を果たせるようにするかが大切です。この本は、そのために書かれているともいえますね」

表8－1　より深めたいテーマに関する参考資料

より深めたいテーマ	参考となる資料
関係修復のアプローチについてさらに知りたい。	・『生徒指導をハックする――育ちあうコミュニティーをつくる「関係修復のアプローチ」』ネイサン・メイナードほか／高見佐知ほか訳、新評論、2021年。 ・Smith, D.,Fisher, D. B., & Frey, N. E. (2015). Better than carrots or sticks: Restorative practices for positive classroom management. Alexandria, VA: ASCD.
脳とトラウマについてより深く学びたい。	・『小児期トラウマと闘うツール――進化・浸透するACE対策』ナディン・バーク・ハリス／片桐恵理子訳、パンローリング、2019年。 ・『身体はトラウマを記録する――脳・心・体のつながりと回復のための手法』ベッセル・ヴァン・デア・コーク／柴田裕之訳、紀伊國屋書店、2016年。
SELの力についての情報をさらに知りたい。	http://CASEL.org
共感についてさらに深く学びたい。	・『共感力を育む――デジタル時代の子育て』ミッシェル・ボーバ／佐柳光代ほか訳、ひとなる書房、2021年。 ・『他者の靴を履く――アナーキック・エンパシーのすすめ』ブレイディみかこ、文藝春秋、2021年 ・Gordon, M. (2009). Roots of empathy: Changing the world child by child. New York: The Experiment.

どのようにして生徒に脳について教えるかについて関心がある。	・『しあわせ育児の脳科学』ダニエル・J・シーゲルほか／森内薫訳、早川書房、2012年。 ・Youtubeで、シーゲルのビデオも閲覧できます。
一人ひとりの生徒を知ったうえでの授業と学校づくりに興味がある。	・『ようこそ、一人ひとりをいかす教室へ』C.A.トムリンソン／山崎敬人ほか訳、北大路書房、2017年。 ・『All Learning is Social and Emotional（学びはすべて社会的で感情的）』（仮題）新評論近刊。 ・『The Big Picture（一人ひとりの生徒を大切にする学校）』（仮題）築地書館近刊。 ・『居場所のある教室・学校』（仮題）新評論近刊。 ・『作家の時間（増補版）』プロジェクト・ワークショップ編、新評論、2018年。 ・『読書家の時間』プロジェクト・ワークショップ編、新評論、2014年。 その他のおすすめの図書は、QRコードをご参照ください。
一人ひとりの生徒に物語があり、一人ひとりの教師が大切にされた学校づくりに興味がある。	・『The 5 Dimensions of Engaged Teaching（情熱と喜びをもって教え続けるために大切な五つのこと）』（仮題）新評論近刊。 ・『教育のプロがすすめるイノベーション』ジョージ・クロス／白鳥信義ほか訳、新評論、2019年。

・吉田新一郎『いい学校の選び方』中公新書、2004年
・吉田新一郎『効果10倍の“教える”技術』PHP 新書、2006年
・吉田新一郎『読み聞かせは魔法！』明治図書出版、2018年
・吉田新一郎ほか『シンプルな方法で学校は変わる』みくに出版、2019年
・ラッシュ、マーサ『退屈な授業をぶっ飛ばせ！』長崎政浩ほか訳、新評論、2020年
・リットキー、デニス『一人ひとりの生徒を大切にする小さな学校』（仮題）谷田美尾ほか訳、築地書館、2022年近刊
・レオーニ、レオ『どうする、ティリー』谷川俊太郎訳、あすなろ書房、2002年
・レオーニ、レオ『マシューのゆめ』谷川俊太郎訳、好学社、1992年
・ローリー、ロイス『ギヴァー』島津やよい訳、新評論、2010年

・タバナー、キャシーほか『好奇心のパワー』吉田新一郎訳、新評論、2017年
・チェインバーリン、アダムほか『挫折ポイント』福田スティーブ利久ほか訳、新評論、2021年
・冨田明広ほか『社会科ワークショップ』新評論、2021年
・トムリンソン、C．A．『ようこそ、一人ひとりをいかす教室へ』山崎敬人ほか訳、北大路書房、2017年
・なかがわ　えりこ（文）おおむら　ゆりこ（絵）『ぐりとぐら』のシリーズ、福音館書店、1967年
・パラシ、R・J『ワンダー』中井はるの訳、ほるぷ出版、2015年
・バロン、ローリーほか『居場所のある教室・学校』（仮題）山崎めぐみほか訳、新評論、2022年近刊
・フィッシャー、ダグラス『「学びの責任」は誰にあるのか』吉田新一郎訳、新評論、2017年
・ブース、デイヴィッド『私にも言いたいことがあります！』飯村寧史ほか訳、新評論、2021年
・フレイ、ナンシーほか『All Learning is Social and Emotional（学びはすべて社会的で感情的）』（仮題）山田洋平ほか訳、新評論、2022年近刊
・プロジェクト・ワークショップ編『読書家の時間【実践編】』新評論、2014年
・プロジェクト・ワークショップ編『作家の時間（増補版）』新評論、2018年
・ボス、スージーほか『プロジェクト学習とは』池田匡史ほか訳、新評論、2021年
・ボーバ、ミッシェル『共感力を育む――デジタル時代の子育て』佐柳光代ほか訳、ひとなる書房、2021年
・メイナード・ネイサンほか『生徒指導をハックする――育ちあうコミュニティーをつくる「関係修復のアプローチ」』高見佐知ほか訳、新評論、2020年
・メディナ、ジョン『ブレイン・ルール――脳の力を100％活用する』（小野木明恵訳、NHK 出版、2009年）

訳注で紹介した本の一覧

・アトウェル、ナンシー『イン・ザ・ミドル』小坂敦子ほか訳、三省堂、2018年
・アラビト、クリスティー・ロマノ『静かな子どもも大切にする』古賀洋一ほか訳、新評論、2021年
・ヴァン・デア・コーク、ベッセル『身体はトラウマを記録する――脳・心・体のつながりと回復のための手法』柴田裕之訳、紀伊國屋書店、2016年
・ウィーヴァー、ローラほか『The 5 Dimensions of Engaged Teaching（情熱と喜びをもって教え続けるために大切な五つのこと）』（仮題）新評論、内藤翠ほか訳、2022年近刊
・ウィギンズ、アレキシス『最高の授業』吉田新一郎訳、新評論、2018年
・ヴェルデ、スーザン『ぼくは　にんげん』島津やよい訳、新評論、2020年
・エンダーソン、マイク『教育のプロがすすめる選択する学び』吉田新一郎訳、新評論、2019年
・コヴィー、スティーブン『七つの習慣』フランクリン・コヴィー・ジャパン訳、キングベアー出版、2013年
・サックシュタイン、スター『ピア・フィードバック』田中理紗ほか訳、新評論、2021年
・ジョンストン、ピーターほか『国語の未来は「本づくり」』マーク・クリスチャンソンほか訳、新評論、2021年
・ジョンソン、D. W. ほか『学習の輪――学び合いの協同教育入門』石田裕久ほか訳、二瓶社、2010年改訂新版
・ズィヤーズ、ジェフ『学習会話を育む』北川雅浩ほか訳、新評論、2021年
・スース、ドクター『きみの行く道』いとう　ひろみ訳、河出書房新社、2008年
・スペンサー、ジョンほか『あなたの授業が子どもと世界を変える』吉田新一郎訳、新評論、2020年

(150) Zalanick, M. (2019, April 8). Best (practices) in show: Therapy dogs in schools. *District Administration*. Retrieved from https://district administration.com/best-practices-show-therapy-dogs-in-schools/

邦訳あたっての参考文献

・Figley, C. R. (1995). Compassion Fatigue: Coping with Secondary Traumatic Stress Disorder in Those Who Treat the Traumatized. New York: Brunner-Routledge. https://www.hospat.org/report_2006-e1.html

(135) Sylwester, R. (1995). *A celebration of neurons: An educator's guide to the human brain.* Alexandria, VA: ASCD.

(136) Szalavitz, M., & Perry, B. D. (2010). *Born for love: Why empathy is essential And endangered.* New York: HarperCollins. ――『子どもの共感力を育てる』マイア・サラヴィッツほか／戸根由紀恵訳、紀伊國屋書店、2012年（引用箇所は、13ページ）。

(137) Tantillo Philibert, C. (2016). *Everyday SEL in elementary school: Integrating social-emotional learning and mindfulness into your classroom.* New York: Routledge.

(138) Tate, E. (2019, November 15). Rethinking recess leads to results on and off the playground. *EdSurge.* Retrieved from https://www.edsurge.com/news/2019-11-15-rethinking-recess-leads-to-results-on-and-off-the-playground

(139) Teaching Tolerance Staff. (2019, May 6). What is "mix it up at lunch"? Retrieved from https://www.tolerance.org/magazine/what-is-mix-it-up-at-lunch

(140) Toth, M. D., & Sousa, D. A. (2019). *The power of student teams: Achieving social, emotional, and cognitive learning in every classroom through academic teaming.* West Palm Beach, FL: Learning Sciences International.

(141) Uhls, Y. T., Michikyan, M., Morris, J., Garcia, D., Small, G. W., Zgourou, E., et al. (2014, October). Five days at outdoor education camp without screens improves preteen skills with nonverbal emotion cues. *Computers in Human Behavior, 39,* 387–392.

(142) van der Kolk, B. (2014). *The body keeps the score: Brain, mind, and body in the healing of trauma.* New York: Viking Penguin.（引用は、原書の p62）――『身体はトラウマを記録する――脳・心・体のつながりと回復のための手法』ベッセル・ヴァン・デア・コーク／柴田裕之訳、紀伊國屋書店、2016年。

(143) We Are Teachers Staff. (2018, March 6). 10 tips for teaching emotional regulation (& improving classroom behavior at the same time). Retrieved from https://www.weareteachers.com/emotional-regulation/

(144) Willis, J. (2012). How to build happy middle school brains. *MiddleWeb.* Retrieved from https://www.middleweb.com/2847/how-to-build-happy-brains/ （該当箇所は、第４段落）

(145) Wlodkowski, R. J. (1983). *Motivational opportunities for successful teaching* [Leader's guide]. Phoenix, AZ: Universal Dimensions.

(146) Wolfe, P. (2010). *Brain matters: Translating research into classroom practice* (2nd ed.). Alexandria, VA: ASCD.

(147) Wong, H., & Wong, R. (2013, October). How to start class every day. *Teachers. Net Gazette.* Retrieved from https://www.teachers.net/wong/OCT13/

(148) Wong, H. K., & Wong, R. T. (2018). *The first days of school: How to be an effective teacher* (5th ed.). Mountain View, CA: Harry K. Wong Publications. ――『世界最高の学級経営――成果を上げる教師になるために』ハリー・ウォンほか／稲垣みどり訳、東洋館出版社、2017年。

(149) Zak, P. J. (2013, December 17). How stories change the brain. *Greater Good Magazine.* Retrieved from https://greatergood.berkeley.edu/article/item/how_stories_change_brain

Resiliency, Inc. Retrieved from https://www.youtube.com/watch?v=4E0sMLal8hk

(118) Sapolsky, R. (2017). *Behave: The biology of humans at our best and worst*. New York: Penguin Books.

(119) Schwartz, K. (2016). *I wish my teacher knew: How one question can change everything for our kids*. Boston: Da Capo Lifelong Books.

(120) Shoda, Y., Mischel, W., & Peake, P. K. (1990). Predicting adolescent cognitive and self-regulatory competencies from preschool delay of gratification: Identifying diagnostic conditions. *Developmental Psychology, 26*(6), 978-986.

(121) Siegel, D. (2014, August 12). How the teen brain transforms relationships. *Greater Good Magazine*. Retrieved from https://greatergood.berkeley. edu/article/item/how_the_teenbrain transforms_relationships

(122) Siegel, D. J., & Bryson, T. P. (2012). *The whole-brain child: 12 revolutionary strategies to nurture your child's developing mind*. New York: Bantam Books. ——『しあわせ育児の脳科学』ダニエル・J・シーゲルほか／森内薫訳、早川書房、2012年。

(123) Siegel, D. J., & Bryson, T. (2018). *The yes brain: How to cultivate courage, curiosity, and resilience in your child*. New York: Bantam Books. ——『「自己肯定感」を高める子育て——子どもの「才脳」を最大限に伸ばす』ダニエル・J・シーゲルほか／桐谷知未訳、大和書房、2018年。

(124) Silani, G., Lamm, C., Ruff, C., & Singer, T. (2013). Right supramarginal gyrus is crucial to overcome emotional egocentricity bias in social judgments. *The Journal of Neuroscience*, 33(39), 15466-15476.

(125) Sinek, S. (2014). *Leaders eat last*. New York: Penguin Group. ——『リーダーは最後に食べなさい！——最強チームをつくる絶対法則』サイモン・シネック／栗木さつき訳、日本経済新聞出版社、2015年。

(126) Smith, D., Fisher, D. B., & Frey, N. E. (2015). *Better than carrots or sticks: Restorative practices for positive classroom management*. Alexandria, VA: ASCD.

(127) Sokolov, A. A. (2018, June 5). The cerebellum in social cognition. *Frontiers in Cellular Neuroscience*. Retrieved from doi:10.3389/fncel.2018.00145

(128) Souers, K., & Hall, P. (2016). *Fostering resilient learners: Strategies for creating a trauma-sensitive classroom*. Alexandria, VA: ASCD.

(129) Sousa, D. (2015). *How the brain influences behavior*. New York: Skyhorse Publishing.

(130) Sprenger, M. (2018). *How to teach so students remember* (2nd ed.). Alexan dria, VA: ASCD.

(131) Srinivasan, M. (2019, April 10). Promoting social and emotional learning at home. *Education.com Blog*. Retrieved from https://www.education.com/blog/whats-new/selathome/ （該当箇所は、11段落）

(132) Srinivasan, R., Golomb, J. D., & Martinez, A. (2016). A neural basis of facial action recognition in humans. *Journal of Neuroscience, 36*(16), 4434-4442.

(133) Stiggins, R. (2017). *The perfect assessment system*. Alexandria, VA: ASCD.

(134) Stosny, S. (2013, September 6). The good and the bad of journaling [Blog post]. *Psychology Today*. Retrieved from https://www.psychologytoday.com/us/blog/anger-in-the-age-entitlement/201309/the-good-and-the-bad-journaling

(104) Padmanaban, D. (2017, April 12). Where empathy lives in the brain. *The Cut.* Retrieved from https://www.thecut.com/2017/04/where-empathy-lives-in-the-brain.html

(105) Panskepp, J., & Biven, L. (2012). *The archaeology of mind: Neuroevolution ary origins of human emotions.* New York: Norton.

(106) Pappas, S. (2012, February 1). The social mind: Brain region bigger in popular people. *Live Science.* Retrieved from https://www.livescience.com/18230-brain-area-friends.html

(107) Parker, C. B. (2016, April 26). Teacher empathy reduces student suspensions, Stanford research shows. *Stanford News.* Retrieved from https://news.stanford.edu/2016/04/26/teacher-empathy-reduces-student-suspensions-stanford-research-shows/

(108) Pearce, E., Wlodarski, R., Machin, A., & Dunbar, R. I. M. (2017). Variation in the B-endorphin, oxytocin, and dopamine receptor genes is associated with different dimensions of human sociality. *PNAS, 114*(20), 5300-5305.

(109) Perry, B. D. (2020). Understanding state-dependent functioning [Video]. *Neurosequential Network COVID-19 Stress, Distress, & Trauma Series: 2.* Retrieved from https://www.neurosequential.com/covid-19-resources

(110) Perry, B. D., & Szalavitz, M. (2007). *The boy who was raised as a dog.* New York: Basic Books. ――『犬として育てられた少年――子どもの脳とトラウマ』ブルース・D. ペリーほか/仁木めぐみ訳、紀伊國屋書店、2010年。

(111) Plutchik, R. (1997). The circumplex as a general model of the structure of emotions and personality. In R. Plutchik & H. R. Conte (Eds.), *Circum plex models of personality and emotions* (pp. 17-45). Washington, DC: American Psychological Association.

(112) Prothero, A. (2019, September 10). Can bite-sized lessons make social emotional learning easier to teach? *Education Week.* Retrieved from https://www.edweek.org/ew/articles/2019/09/11/can-bite-sized-lessons-make-social-emotional-learning-easier.html

(113) Quist, A., & Gregory, R. (2019). Teaching decision-making skills in the classroom. *The Arithmetic of Compassion.* Retrieved from https://www.arithmeticofcompassion.org/blog/2019/5/1/teaching-decision-making-skills-in-the-classroom

(114) Reb, J., & Atkins, P. W. B. (Eds.). (2017). *Mindfulness in organizations: Foun dations, research, and applications.* Cambridge, UK: Cambridge University Press.

(115) Riess, H. (2018). *The empathy effect: Seven neuroscience-based keys for transforming the way we live, love, work, and connect across differences.* Boulder, CO: Sounds True.

(116) Ripple Kindness Project. (2019, October 8). Crumpled paper-crumpled heart bullying exercise for all ages. Retrieved from https://ripplekindness.org/crumpled-paper-bullying-exercise/

(117) Sanchez, H. (2015). *Designing a climate for closing the achievement gap* [Video].

(88) Knapp, M. L., & Hall, J. A. (2010). *Nonverbal communication in human interaction.* Boston: Cengage. ──『人間関係における非言語情報伝達』マーク・L・ナップ／牧野成一ほか訳、東海大学出版会、1979年。

(89) Korbey, H. (2017, October 27). The power of being seen. *Edutopia.* Retrieved from https://www.edutopia.org/article/power-being-seen

(90) Landmark School Outreach. (n.d.). Responsible decision making (social emotional learning). Retrieved from https://www.landmarkoutreach.org/strategies/responsible-decision-making/

(91) Tewis, M. (2012, October). Obama's way. *Vanity Fair.* Retrieved from https://www.vanityfair.com/news/2012/10/michael-lewis-profile-barack-obama

(92) Lieberman, M. (2013). *Social: Why our brains are wired to connect.* New York: Crown Publishers.

(93) Lieberman, M. (2019). The social brain and the workplace. *Talks at Google.* Retrieved from https://www.youtube.com/watch?v=h7UR9JWQEYk

(94) Maslow, A. H. (1998). *Toward a psychology of being* (3rd ed.). Hoboken, NJ: ──『完全なる人間』アブラハム・H・マスロー／上田吉一訳、誠信書房、1998年。

(95) Wiley. Maynard, N., & Weinstein, B. (2019). *Hacking school discipline: 9 ways to create a culture of empathy and responsibility using restorative justice.* Highland Heights, OH: Times 10 Publications. ──『生徒指導をハックする──育ちあうコミュニティーをつくる「関係修復のアプローチ」』ネイサン・メイナードほか／高見佐知ほか訳、新評論、2021年。

(96) McTighe, J., & Willis, J. (2019). *Upgrade your teaching: Understanding by design meets neuroscience.* Alexandria, VA: ASCD.

(97) Medina, J. (2014). *Brain rules for baby: How to raise a happy child from zero to five.* Seattle, WA: Pear Press.

(98) Medina, J. (2017). *Brain rules for aging well: 10 principles for staying vital, happy, and sharp.* Seattle, WA: Pear Press.

(99) Medina, J. (2018). *Attack of the teenage brain! Understanding and supporting the weird and wonderful adolescent learner.* Alexandria, VA: ASCD.

(100) Merz, S. (2012, June 27). Teaching secrets: Get to know students through seating challenges. *Education Week.* Retrieved from https://www. edweek.org/tm/articles/2012/06/27/tln merz.html

(101) Mueller, P. A., & Oppenheimer, D. M. (2014). The pen is mightier than the keyboard: Advantages of longhand over laptop note taking. *Psychological Science,* 25, 1159–1168.

(102) NameCoach. (2017, November 12). The brain on your name: How your brain responds to the sound of your name [Blogpost]. Retrieved from https://name-coach.com/blog/brain-name-brain-responds-sound-name

(103) National Child Traumatic Stress Network. (2019). *Secondary traumatic stress: Understanding the impact of trauma work on professionals* [Webinar]. Retrieved from https://www.nctsn.org/resources/secondary traumatic-stress-understanding-the-impact-of-trauma-work-on-professionals

(74) Hattie, J. (2017). Hattie ranking: 252 influences and effect sizes related to student achievement. *Visible Learning.* Retrieved from https://visible-learning.org/hattie-ranking-influences-effect-sizes-learning-achievement/

(75) Hiser, J., & Koenigs, M. (2018). The multifaceted role of ventromedial prefrontal cortex in emotion, decision making, social cognition, and psychopathology. *Biological Psychiatry, 83*(8), 638-647.

(76) Hoffman, M. (1991). *Amazing grace,* New York: Dial Books.

(77) Immordino-Yang, M. H. (2016). *Emotions, learning, and the brain: Exploring the educational implications of affective neuroscience.* New York: W. W. Norton. Issa, F. A.,

(78) Drummond, J., Cattaert, D., & Edwards, D. H. (2012). Neural circuit reconfiguration by social status. *Journal of Neuroscience, 32*(16), 5638-5645.

(79) James, C., Weinstein, E., & Mendoza, K. (2019). *Teaching digital citizens in today's world: Research and insights behind the Common Sense K-12 Digital Citizenship Curriculum.* San Francisco: Common Sense Media. Retrieved from https://dle2bohyu2u2w9.cloudfront.net/education/sites/default/files/tlr_component/common sense_education digital_citizenship_research backgrounder.pdf

(80) Jarvis, C. (2019). *30 days of genius with Chase Jarvis: Lesson 8: Brené Brown.* Retrieved from https://www.creativelive.com/class/30-days-genius-chase-jarvis/lessons/brene-brown

(81) Joensson, M., Thomsen, K. R., Andersen, L. M., Gross, J., Mouridsen, K., Sandberg, K., et al. (2015). Making sense: Dopamine activates conscious self-monitoring through medial prefrontal cortex. *Human Brain Mapping, 36*(5), 1866–1877.

(82) Johnson, D. W., Johnson, R. T., & Smith, K. A. (2013). Cooperative learning: Improving university instruction by basing practice on validated theory. *Journal on Excellence in College Teaching, 25*(3-4), 85-118.

(83) Jones, S., Brush, K., Bailey, R., Brion-Meisels, G., McIntyre, J., Kahn, J., et al. (2017). *Navigating SEL from the inside out.* Harvard Graduate School of Education. Retrieved from https://www.wallacefoundation.org/knowledge-center/Documents/Navigating-Social-and-Emotional-Learning-from-the-Inside-Out.pdf

(84) Kahneman, D. (2011). *Thinking, fast and slow.* New York: Farrar, Straus, & Giroux. ――『ファスト＆スロー ――あなたの意思はどのように決まるか?』ダニエル・カーネマン／村井章子訳、早川書房、2014年。

(85) Kennon, J. (2019, November 8). Principal starts "no phone, new friends Friday" lunchtime tradition. ABC News KCRG.com. Retrieved from https://www.KCRG.com/content/news/Principal-starts-No-phone-new-friends-Friday-lunchtime-tradition--564682071.html

(86) Kidd, C., Palmeri, H., & Aslin, R. N. (2013). Rational snacking: Young children's decision-making on the marshmallow task is moderated by beliefs about environmental reliability. *Cognition, 126*(1), 109–114.

(87) Kidd, D., & Castano, E. (2013, October 18). Reading literary fiction improves theory of mind. *Science,* 3426156), 377–380.

how-to-identify-when-youre-experiencing-decision-fatiguel

(59) Goldberg, G., & Houser, R. (2017, July 19). Battling decision fatigue. *Edutopia*. Retrieved from https://www.edutopia.org/blog/battling-decision-fatigue-gravity-goldberg-renee-houser

(60) Goleman, D. (1995). *Emotional intelligence*. New York: Bantam Books. 邦訳は、『EQ：こころの知能指数』ダニエル・ゴールマン著、土屋京子訳、講談社、1998年。

(61) Gonzalez, J. (2015, October 15). The big list of class discussion strategies [Blog post]. *Cult of Pedagogy*. Retrieved from https://www.cultofpedagogy.com/speaking-listening-techniques/

(62) Gordon, K. (2012). How to teach kids gratitude and empathy. New *York Family*. Retrieved from https://www.newyorkfamily.com/how-to-teach-kids-gratitude-and-empathy/

(63) Gordon, M. (2009). *Roots of empathy: Changing the world child by child*. New York: The Experiment.

(64) Gordon, M. (2010). *Roots and seeds of empathy*. Retrieved from http://cultureofempathy.com/References/Experts/Mary-Gordon.htm

(65) Grate, M. (2014, October 1). Bullyproof your classroom with brown paper bags. *Middleweb*. Retrieved from https://www.middleweb.com/18809/a-strategy-improve-classroom-culture/

(66) Graves, G. (2017). Unlock your emotional intelligence. *The Science of Emo tions* (pp. 9-13). New York: Time Books.

(67) Gregoire, C. (2018). How money changes the way you think and feel. *Greater Good Magazine*. Retrieved from https://greatergood.berkeley.edu/article/item/how_money_changes_the_way_you_think and feel

(68) Gregory, G., & Kaufeldt, M. (2015). *The motivated brain: Improving student attention, engagement, and perseverance*. Alexandria, VA: ASCD.

(69) Grewal, D. (2012, April 10). How wealth reduces compassion. *Scientific American*. Retrieved from https://www.scientificamerican.com/article/how-wealth-reduces-compassion/

(70) Grove, C., & Henderson, L. (2018, March 19). Therapy dogs can help reduce student stress, anxiety and improve school attendance. *The Conversation*. Retrieved from https://theconversation.com/therapy-dogs-can-help-reduce-student-stress-anxiety-and-improve-school-attendance-93073

(71) Haltigan, J., & Vaillancourt, T. (2014). Joint trajectories of bullying and peer victimization across elementary and middle school and associations with symptoms of psychopathology. *Developmental Psychology, 50*(11), 2426-2436.

(72) Hartwell-Walker, M. (2018, October 8). Click or clique: Positive and negative teen social groups. *PsychCentral*. Retrieved from https://psychcentral. com/lib/click-or-clique-positive-and-negative-teen-social-groups/

(73) Hattie, J. (2012). *Visible learning for teachers: Maximizing impact on learning*. New York: Routledge. 引用は、p158。――『学習に何が最も効果的か――メタ分析による学習の可視化：教師編』ジョン・ハッティ／原田信之ほか訳、あいり出版、2017年。

cognition and mental health in children and adolescents -a meta-analysis of randomized controlled trials. *Journal of Child Psychology and Psychiatry, 60*(3), 244–258.

(45) Durlak, J. A., Weissberg, R. P., Dymnicki, A. B., Taylor, R. D., & Schellinger, K. B. (2011). The impact of enhancing students' social and emotional learning: A meta-analysis of school-based universal interventions. *Child Development, 82,* 405-432.

(46) Dweck, C. (2016, January 13). What having a "growth mindset" actually means. *Harvard Business Review.* Retrieved from https://hbr.org/2016/01/what-having-a-growth-mindset-actually-means

(47) *Edutopia.* (2014, July 1). Dialogue circles and positive classroom cultures. Retrieved from https://www.edutopia.org/practice/stw-glenviewpractice-dialogue-circles-video

(48) *Edutopia.* (2019a). 60-second strategy: Traverse talk. Retrieved from https://www.edutopia.org/video/60-second-strategy-traverse-talk

(49) *Edutopia.* (2019b). Social contracts foster community in the classroom. Retrieved from https://www.edutopia.org/video/social-contracts foster-community-classroom

(50) Elias, M. J., & Tobias, S. E. (2018). *Boost emotional intelligence in students: 30 flexible research-based activities to build EQ skills (grades 5-9).* Minneapolis, MN: Free Spirit Publishing.

(51) Felitti, V. J., Anda, R. F., Nordenberg, D., Williamson, D. F., Spitz, A. M., Edwards, V., et al. (1998). Relationship of childhood abuse and house hold dysfunction to many of the leading causes of death in adults: The adverse childhood experiences (ACE) study. *American Journal of Preventive Medicine, 14*(4), 245–258.

(52) Files, E. (2019). How assigned seats during lunchtime can foster a positive school culture. *MindShift.* Retrieved from https://www.kqed.org/mindshift/54644/how-assigned-seats-during-lunchtime-can-foster a-positive-school-culture

(53) Fisher, D., & Frey, N. (2019, May). Show & tell: A video column/"There was this teacher...." *Educational Leadership, 76*(8), 82–83.

(54) Fletcher, J. (2019). 5 ways to incorporate SEL in middle school. *Edutopia.* Retrieved from https://www.edutopia.org/article/5-ways-incorporate-sel-middle-school

(55) Foreman, D. (2019). How to build an effective system for responding to behavioral infractions. *Turnaround for Children. The 180 Blog.* Retrieved from https://www.turnaroundusa.org/how-to-build-an-effective-system-for-responding-to-behavioral-infractions/

(56) Frey, N., Fisher, D., & Smith, D. (2019). *All learning is social and emotional: Helping students develop essential skills for the classroom and beyond.* Alexandria, VA: ASCD.

(57) Gaines, P. (2019, October 11). California's first surgeon general: Screen every student for childhood trauma. *NBC News Learn.* Retrieved from http://www.nbcnews.com/news/nbcblk/california-s-first-surgeon-general-screen-every-student-childhood-trauma-n1064286

(58) Gamb, M. (2019, May 13). How to identify when you're experiencing decision fatigue. *Forbes.* Retrieved from https://www.forbes.com/sites/womensmedia/2019/05/13/

from https://casel.org/wp-content/uploads/2019/11/SEL Trends-7-11182019.pdf

(30) Center on the Developing Child. (n.d.). *Toxic stress*. Cambridge, MA: Center on the Developing Child, Harvard University. Retrieved from https://developingchild.harvard.edu/science/key-concepts/toxic-stress/

(31) Centers for Disease Control and Prevention. (n.d.). *Adverse childhood experiences (ACES): Preventing early trauma to improve adult health*. Atlanta, GA: Author. Retrieved from https://www.cdc.gov/vitalsigns/aces/index.html

(32) Clough, S., & Hilverman, C. (2018). Hand gestures and how they help children learn. *Frontiers for Young Minds, 6*(29).

(33) Coan, J. A., Becks, L., & Hasselmo, K. (2013). Familiarity promotes the blurring of self and other in the neural representation of threat. *Social Cognitive and Affective Neuroscience, 8(6)*, 670-677.

(34) Cook, C. R., Coco, S., Zhang, Y., Fiat, A. E., Duong, M. T., Renshaw, T. L., et al. (2018). Cultivating positive teacher-student relationships: Preliminary evaluation of the establish-maintain-restore (EMR) method. *School Psychology Review, 47*(3), 226-243.

(35) Cook, C., Fiat, A., & Larson, M. (2018, February 19). Positive greetings at the door: Evaluation of a low-cost, high-yield proactive classroom man agement strategy. *Journal of Positive Behavior Interventions,* 20(3), 149–159.

(36) Covey, S. (2015). *The Stephen R. Covey interactive reader-4 books in 1: The 7 habits of highly effective people, first things first, and the best of the most renowned leadership teacher of our time*. Coral Gables, FL: Mango Media. p246より引用。――『完訳 7つの習慣 人格主義の回復』フランクリン・コヴィー・ジャパン訳、キングベアー出版、2013年

(37) Crandall, A., Miller, J. R., Cheung, A., Novilla, L. K., Glade, R., Novilla, M. L. B., et al. (2019). ACEs and counter-ACEs: How positive and negative childhood experiences influence adult health. *Child Abuse & Neglect, 96,* 104089.

(38) Danziger, S., Levav, J., & Aynaim-Pesso, L. (2011). Extraneous factors in judicial decisions. *PNAS, 108(17)*, 6889-6892.

(39) Darling-Hammond, L. (2019). Demonstrating self-regulation with tone of voice [Video]. *How Learning Happens* series. *Edutopia*. Retrieved from https://www.edutopia.org/video/demonstratingself-regulation-tone-voice

(40) Darling-Hammond, L., Flook, L., Cook-Harvey, C., Barron, B., & Osher, D. (2019). Implications for educational practice of the science of learning and development. *Journal of Applied Developmental Science, 24*(2), 97–140.

(41) Davis, K. L., & Montag, C. (2019). Selected principles of Pankseppian affective neuroscience. *Frontiers in Neuroscience, 12,* 1025.

(42) Desautels, L., & McKnight, M. (2019). *Eyes are never quiet: Listening beneath the behaviors of our most troubled students*. Deadwood, OR: Wyatt-MacKenzie.

(43) Djikic, M., & Oatley, K. (2014). The art in fiction: From indirect communication to changes of the self. *Psychology of Aesthetics, Creativity, and the Arts, 8*(4), 498-505.

(44) Dunning, D. L., Griffiths, K., Kuyken, W., Crane, C., Foulkes, L., Parker, J., et al. (2019, March). Research review: The effects of mindfulness-based inter ventions on

(15) Borba, M. (2016). *Unselfie: Why empathetic kids succeed in our all-about-me world.* New York: Touchstone. ――『共感力を育む――デジタル時代の子育て』ミッシェル・ボーバ／佐柳光代ほか訳、ひとなる書房、2021年。

(16) Brackett, M. (2019). *Permission to feel: Unlocking the power of emotions to help our kids, ourselves, and our society thrive.* New York: Celadon.

(17) Bradley, L. (2017, December 12). Putting empathy and digital citizenship at the center of our classrooms. *KQED Education.* Retrieved from https://ww2.kqed.org/education/2017/12/12/putting-empathy-and-digitalcitizenship-at-the-center-of-our-classrooms/

(18) Brigham Young University. (2019, September 16). For kids who face trauma, good neighbors or teachers can save their longterm health. *Science Daily.* Retrieved from https://www.sciencedaily.com/releases/2019/09/190916144004.htm

(19) Brighten, T. (2017, November 10). Why students should develop their personal brand as they apply to university. *BridgeU.* Retrieved from https://bridge-u.com/blog/help-students-develop-personal-brands/

(20) Brookhart, S. (2017). *How to give effective feedback to your students* (2nd ed.). Alexandria, VA: ASCD.

(21) Brown, B. (2018). *Dare to lead: Brave work. Tough conversations. Whole hearts.* New York: Random House.

(22) Burke Harris, N. (2018). *The deepest well: Healing the long-term effects of childhood adversity.* New York: Houghton Mifflin Harcourt. ――『小児期トラウマと闘うツール――進化・浸透する ACE 対策』ナディン・バーク・ハリス／片桐恵理子訳、パンローリング、2019年。

(23) Burns, M. (2019, November 23). *The positive student impact of social emotional learning and neuroscience-based approaches* [Webinar]. Fast ForWord Scientific Learning. Retrieved from https://pages.scilearn.com/Webinar-AOD-MBurns-Positive-Impact-of-SEL.html

(24) Burton, R. (2019). Our brains tell stories so we can live. *Nautilus.* Retrieved from http://nautil.us/issue/75/story/our-brains-tell-stories so-we-can-live

(25) Camden, T., Dennison, C., Hinnen, N., Leonard, J., Smith, B. L., Taubert, C., et al. (n.d.). *Family tools: Decision-making.* Peoria, IL: Heart of Illinois United Way. Retrieved from https://www.hoiunitedway.org/wpcontent/uploads/HOIUW-HMHN-Decision-Making-Skills-Booklet.pdf

(26) Cantor, P. (2019, February 13). *The school of the future: A conversation with Dr. Pamela Cantor* [Presentation]. Turnaround for Children. Retrieved from https://www.turnaroundusa.org/school-of-the-future-gsvlabs/

(27) Carmody, D. P., & Lewis, M. (2006). Brain activation when hearing one's own and others' names. *Brain Research, 1116*(1), 153-158. Retrieved from https://www.sciencedirect.com/science/article/abs/pii/S0006899306022682

(28) CASEL. (2017). *Core SEL competencies.* Chicago: Author. Retrieved from https://casel.org/core-competencies

(29) CASEL. (2019, November). Strengthening adult SEL. *SEL Trends, 7.* Retrieved

参考文献一覧

(1) Allday, R. A., Bush, M., Ticknor, N., & Walker, L. (2011). Using teacher greetings to increase speed to task engagement. *Journal of Applied Behavior Analysis, 44*(2), 393-396.

(2) Allday, R. A., & Pakurar, K. (2007). Effects of teacher greetings on student on-task behavior. *Journal of Applied Behavior Analysis 40*(2), 317–320.

(3) Alliance of Therapy Dogs. (2017). *The benefits of therapy dogs in classrooms and on college campuses.* Retrieved from https://www.therapydogs.com/therapy-dogs-classrooms-campuses/

(4) Armstrong, T. (2016). *The power of the adolescent brain: Strategies for teaching middle and high school students.* Alexandria, VA: ASCD.

(5) Armstrong, T. (2019). *Mindfulness in the classroom: Strategies for promoting concentration, compassion, and calm.* Alexandria, VA: ASCD.

(6) Aronson, E. (2000). *The jigsaw classroom.* Social Psychology Network. Retrieved from http://www.jigsaw.org/ ——『ジグソー法ってなに？ みんなが協同する授業』エリオット・アロンソンほか／昭和女子大学教育研究会訳、丸善出版、2016年。

(7) Barrett, L. F. (2018). *How emotions are made: The secret life of the brain.* New York: Mariner Books. ——『情動はこうしてつくられる ——脳の隠れた働きと構成主義的情動理論』リサ・フェルドマン・バレット／高橋洋訳、紀伊國屋書店、2019年。

(8) Beach, M. (2010, May). Creating empathy in the classroom. *TEACH Magazine.* Retrieved from https://teachmag.com/archives/1115

(9) Beauchesne, K. (2018). 24 awesome ways to encourage being kind at school. *PTO Today.* Retrieved from https://www.ptotoday.com/pto today-articles/article/8862-awesome-ways-to-encourage-being-kind at-school

(10) Beck, A. E. (1994). On universities: J. Tuzo Wilson Medal acceptance speech. *Elements: Newsletter of the Canadian Geophysical Union, 12,* 7-9.

(11) Bland, K. (2018). Blue eyes, brown eyes: What Jane Elliott's famous experiment says about race 50 years on. *The Republic.* Retrieved from https://www.azcentral.com/story/news/local/karinabland/2017/11/17/blue-eyes-brown-eyes-jane-elliotts-exercise-race-50-years-later/860287001/

(12) Bloom, B. S., Engelhart, M. D., Furst, E. J., Hill, W. H., & Krathwohl, D. R. (Eds.). (1956). *Taxonomy of educational objectives: The classification of educational goals. Handbook I: Cognitive domain.* New York: David McKay.

(13) Boaler, J. (2019). *Limitless mind: Learn, lead, and live without barriers.* New York: HarperOne. ——『「無敵」のマインドセット——心のブレーキを外せば、「苦手」が「得意」に変わる』ジョー・ボアラー／鹿田昌美訳、ハーパーコリンズ・ジャパン、2020年 （引用は、197ページ）。

(14) Bolte Taylor, J. (2006). My *stroke of insight: A brain scientist's personal journey.* New York: Penguin Group. ——『奇跡の脳』ジル・ボルト・テイラー／竹内薫訳、新潮社、2009年。

本書で紹介されている活動の一覧（数字はページ数）

訳者紹介

大内朋子（おおうち・ともこ）

ボストン郊外在住、２児の母。

The Right Question Institute（RQI、好奇心や主体性、柔軟な思考の向上や、意思決定のプロセスへの参加を目的として、問いを立てる力を育成する、マサチューセッツ州ケンブリッジの教育系非営利団体。『たった一つを変えるだけ』（新評論）は、RQIの２人の創設者が長年の経験をもとに執筆した）にて、問いづくりのトレーニングと問いを立てることが学びや行動に及ぼす効果についての理論的研究に携わる。日米の教育に触れるなかで得た知見、特に、学ぶ力を伸ばす取り組みについて広げていきたいと考えている。

東京大学教育学部学士、政策研究大学院大学国際開発プログラム修士。

吉田新一郎（よしだ・しんいちろう）

日本の教育では、知識／認知面と感情面を切り離す傾向が続いています。これらが切り離せないことを知ったのは、脳の機能の研究に出合った1990年代末でした。それをまとめると、下のQRコードになります。SELと「学びの原則」は、これからの日本の教育に欠かせません。本書への問い合わせは、pro.workshop@gmail.com宛にお願いします。

感情と社会性を育む学び（SEL）
——子どもの、今と将来が変わる

2022年３月15日　初版第１刷発行

訳者　大内朋子
　　　吉田新一郎

発行者　武市一幸

発行所　株式会社　新評論

〒169-0051
東京都新宿区西早稲田３-16-28
http://www.shinhyoron.co.jp

電話　03(3202)7391
FAX　03(3202)5832
振替・00160-1-113487

落丁・乱丁はお取り替えします。

定価はカバーに表示してあります。

印刷　フォレスト
装丁　山田英春
製本　中永製本所

Printed in Japan
ISBN978-4-7948-1205-6

四六並製　192 頁　1980 円　　ISBN978-4-7948-1171-4

四六並製　264 頁　2640 円　　ISBN978-4-7948-1174-5

四六並製　256 頁　2420 円　　ISBN978-4-7948-1198-1

四六並製　328 頁　2750 円　　ISBN978-4-7948-1200-1

四六並製　292 頁　2640 円　　ISBN978-4-7948-1016-8